Zuverlässiges Self-Hosting
Eine schnell aufbaubare eigene Cloud

Adam Monsen

Version de-1.0, Fr 2. Jan 14:01:44 PST 2026: de_DE.UTF-8

Zuverlässiges Self-Hosting: Eine schnell aufbaubare eigene Cloud

©2026 Adam Monsen. Manche Rechte vorbehalten. Dieses Buch ist lizenziert unter einer Creative Commons Attribution-ShareAlike 4.0 International (CC BY-SA 4.0) License [https://creativecommons.org/licenses/by-sa/4.0/].

Das wunderschöne Titelbild wurde von meiner Tochter mit Krita [https://krita.org] gestaltet. Mehr von ihrer großartigen Kunst findest du im Laufe des Buches.

Technische Redaktion von Lenny Wondra.

Deutsche Übersetzung von Fiona Burkart.

Erstmals veröffentlicht im Jahr 2024 von Sunrise Data Press [https://sunrisedata.io].

Seattle, Washington, USA.

ISBN: 979-8-9908615-4-1

🌈 Sunrise Data Press

Inhaltsverzeichnis

Kolophon ii
Vorwort 1
1. Einführung 7
    1.1. Willkommen 7
    1.2. Unterstütze den Author 9
    1.3. Textversion 10
    1.4. Urheberrecht und Lizenz 10
    1.5. Haftungsausschluss 12
    1.6. Schreibstil 13
2. Hintergrund 15
    2.1. Wer bin ich? 15
    2.2. Warum habe ich dieses Buch geschrieben? 16
    2.3. Warum dieser Titel? 17
    2.4. Für wen ist dieses Buch?? 20
    2.5. Was ist dieses Buch *nicht*? 22
    2.6. Wie Buch schreiben? 23
    2.7. Eine Anmerkung zu FOSS 25
3. Deine Reise 27
    3.1. Warum du deine Software selbst hosten solltest 28
    3.2. Warum du deine Software nicht selbst hosten solltest 31
4. Praktische Beispiele 33
    4.1. Kriminelle Hühner 33
    4.2. Fotosuche nach Standort 36
    4.3. Überraschungen 36
5. Planung 41
    5.1. Budget 41
    5.2. Ressourcen 41
    5.3. Zeitlicher Ablauf 42

5.4. Umstellung.	43
5.5. Sysadmin Mindset	43
6. System Design	**45**
6.1. Dienst-Stack	45
6.2. Digitale Sicherheit	47
6.3. Dateisystem	52
6.4. Betriebssystem	54
6.5. Contained services	56
6.6. Reverse-Proxy	58
7. Implementierung	**63**
7.1. Dienstplan	63
7.2. Hardware vorbereiten	68
7.3. OS-Installation	75
7.4. Serverwartung	78
8. mario	**83**
8.1. mario-Philosophie	84
8.2. SSH Setup	85
8.3. Server bereitstellen	87
8.4. Server-Domainname	89
8.5. Dienste starten	92
8.6. Verschlüsselungszertifikate	95
8.7. Kleiner Testdienst	96
9. Dienste	**99**
9.1. Nextcloud: Dateisynchronisation und -Freigabe	101
9.2. Jellyfin: Audio- und Videostreaming	103
9.3. Wallabag: Artikel speichern und lesen	106
9.4. Watchtower: Dienst-Updates	109
9.5. Scratch: visuelle Programmierung	111
10. Wie geht's weiter?	**113**
10.1. Mehr erfahren	113

10.2. Nutze einen Grafikprozessor	114
10.3. KI	115
10.4. Pi-hole	116
10.5. Einmalanmeldung	118
10.6. Erzwinge SSH-Authentifizierung mit öffentlichem Schlüssel	118
10.7. Erlaube Wan-Zugriff	119
10.8. Mehr zu Nextcloud	120
11. Weitere Ressourcen	**141**
11.1. Support	141
11.2. Alternativen zu mario	142
12. Diskussionsthemen	**147**
13. Übungen	**149**
Nachwort	**155**
Danksagungen	**157**
Wörterverzeichnis	**159**
Index	**173**

Vorwort

Bevor ich 2006 anfing, im Open-Source-Bereich zu arbeiten, war ich als Community-Organisatorin in Massachusetts tätig. Ich kannte die Auswirkungen eines Mangels an Informationszugang oder das Fehlen des „richtigen" Handbuchs sehr gut – beides hindert Menschen daran, mitzubestimmen, wie sie ihr Leben gestalten. Als Community-Organisatorin brachte ich den Menschen bei, wie man Lobbyarbeit betreibt. Unsere Organisation lud Menschen ein, gemeinsam mit Abgeordneten Gesetze zu entwerfen, die ihren Bedürfnissen gerecht wurden und ihr Leben verbesserten. Wir zeigten ihnen, wie man Spenden sammelt, und wie sie sich selbst und ihre Nachbarschaft organisieren können. Und dann verlagerte sich alles zunehmend ins Internet – und wichtige Diskussionen darüber, wie wir die Schwächsten schützen und die nächste Generation stärken können, begannen, über unsere Computer stattzufinden.

Man kann Fortschritt entweder beklagen oder ihn annehmen. Ich entschied mich dafür, ihn anzunehmen. Ich wollte Menschen stärken und ihnen helfen, ein Gefühl von Kontrolle über ihre Computer- und Technologienutzung zu erlangen. Ich begann, ganz unterschiedliche Menschen aus der Freie-Software-Bewegung kennenzulernen. Einige von ihnen interessierten sich sehr dafür, wie der Code funktioniert, und andere - wie Adam - waren vor allem daran interessiert, auf welche Weise frei zugänglicher Code Menschen helfen kann.

Adam und ich lernten uns 2009 bei LFNW (LinuxFest Northwest) kennen, einer kostenlosen Community-Konferenz in Bellingham, Washington. Ein gemeinsamer Freund hatte mir empfohlen, bei einem Besuch in Washington anlässlich des LFNW auch einmal Seattle zu besuchen – was bedeutete, dass wir gemainsam von Seattle nach Bellingham fuhren. Wir trafen uns alle in Seattle zum Mittagessen und machten uns dann gemeinsam auf die zweistündige Autofahrt nach Bellingham. Auf dieser Fahrt begannen wir wirklich, über das Fehlen einer Freie-Software-Veranstaltung in Seattle zu sprechen. Uns wurde klar, dass es in Seattle Leute brauchte, die ihre Unternehmen zur Sponsorenrolle bewegen konnten (wie Adam und Rob Smith), und jemanden, der sich um Referenten kümmern und die Veranstaltung in der Freie-Software-Community bekannt machen konnte – und so kam es, dass ich (als Bewohnerin von Massachusetts) Mitbegründerin einer jährlichen Veranstaltung in Seattle wurde.

Abbildung 1. Die SeaGL crew. Von links nach rechts: Salt, Deb, Patch, (mit french fry), Adam, Rob. Nicht im Bild: Chris, Jesse, Bri, Lisa, and viele andere.

Die erste SeaGL fand 2013 am Seattle Central College statt und war ziemlich improvisiert. Keine Keynotes, viele gemeinsam genutzte Mehrfachsteckdosen und ein paar Freund*innen, die hineingezogen worden waren, ohne genau zu wissen, worauf sie sich da eingelassen hatten. Wir hatten bewusst einen Freitag gewählt, um eventuell Studierende anzusprechen, solange der Campus geöffnet war, und einen Samstag, um den zweiten Tag für diejenigen zugänglich zu machen, deren Arbeitsstellen eine Teilnahme unter der Woche nicht unterstützten. Die Veranstaltung war – und ist bis heute – kostenlos und offen für alle.

Adam tauchte bei unserer ersten Veranstaltung mit einem kleinen Stapel „Print-on-Demand"-Hüten und -T-Shirts auf, versehen mit unserem brandneuen Logo (natürlich eine Möwe (engl. Seagull)). Die Auswahl der Vorträge lief nach dem Motto: „Wenn du einen Vortrag halten willst, dann halt einen." Adam hielt großartige Einführungsvorträge zu Git und Hadoop, und ich sprach über politische Rahmenbedingungen und Community-Organizing. Wir hatten es noch nicht schriftlich festgehalten, aber SeaGL war von Anfang an dazu bestimmt, eine Konferenz für Anfängerinnen und Expertinnen zu sein, für Programmierer*innen und Politikbegeisterte, und für Vorträge über das gesamte Ökosystem – seine Schwächen, sein Potenzial und die Chancen zur Zusammenarbeit mit anderen Initiativen, die Menschen stärken wollen.

Nach dieser chaotischen ersten Ausgabe wurde uns klar: SeaGL sollte für alle sein – aber ganz besonders für Menschen, die einen Einstieg in Open Quellesuchten, in einer vielfältigen, teuren und technologiegetriebenen Region wie Seattle. Wir wollten, dass SeaGL eine großartige erste Tech-Konferenz für Teilnehmende wird und eine einladende Plattform für angehende Vortragende bietet. Später weiteten wir dieses Ziel aus und bemühten uns gezielt darum, weniger bekannte Sprecher*innen zu finden und ihnen ihre erste Keynote-Möglichkeit zu bieten. Das gesamte SeaGL-Team (einschließlich Adam, natürlich!) war und ist mit voller Leidenschaft dabei, Neulinge willkommen zu heißen und eine freundliche, sichere und neugierige Atmosphäre zu schaffen.

Adam und ich kennen uns schon seit vielen Jahren. Ich habe seine Tochter kennengelernt, die die talentierte Illustratorin dieses Buches ist, und auch seine Frau, die klug ist und unermüdlich neugierig darauf, wie Technologie unser Leben beeinflusst. Sogar einige der

Hühner habe ich getroffen – sie sind tatsächlich blitzsauber, wenn auch leider nicht besonders schlau. Zum Glück werden sie äußerst gut versorgt, sodass sie nicht allzu viel Grips brauchen.

Kurz gesagt: Adam ist sehr engagiert – sowohl für Freie Software als auch dafür, Menschen zu stärken. Außerdem ist er unglaublich nett! Wirklich einer der nettesten Menschen, die ich je getroffen habe. Wenn dich die Vorstellung anspricht, etwas Herausforderndes mit einem geduldigen und einfühlsamen Mentor anzugehen, und du neugierig auf das Thema Self-Hosting bist, dann ist dieses Buch genau das Richtige für dich.

Self-Hosting ist schwierig. Ich selbst habe still Mailinglisten verfolgt, die versprachen, es einfach zu machen. Ich habe Vorträge besucht, Videos geschaut und Artikel gelesen – aber wirklich einfach wurde es nie. Manche dieser Ressourcen fingen gefühlt erst bei Kapitel 2 an, andere waren voller Kommentare, die einem das Gefühl gaben, dass jede einigermaßen intelligente Person die fehlenden Informationen schon irgendwie selbst finden müsste. Zum Glück hat Adam alles aufgenommen, was echte Anfänger*innen brauchen, um loszulegen – und dabei trotzdem viele Wahlmöglichkeiten offengelassen.

Self-Hosting ist aber auch wichtig. In der Technik – und in der Welt insgesamt – verändert sich vieles sehr schnell. Was man kontrolliert und was nicht, ist ständig im Wandel. Self-Hosting gibt dir die Möglichkeit, ein paar Dinge in deiner eigenen Hand zu behalten – deine persönlichen Daten, deine Medien und die Art, wie du mit deiner digitalen Umgebung interagierst. Es ermöglicht dir, selbst zu entscheiden, was du brauchst, und selbst zu wählen, wie du diesen Bedarf decken willst – ohne um Erlaubnis zu fragen oder dich an ein Unternehmen zu binden, dem du als Individuum egal bist.

Du solltest dieses Buch lesen, es mit anderen teilen und vielleicht – wenn du soweit bist – etwas an die Self-Hosting-Community zurückgeben.

Willkommen in der Welt des Self-Hosting,
Deb Nicholson

Gründerin, Seattle GNU/Linux Conference
Geschäftsführerin, Python Software Foundation

Kapitel 1. Einführung

Datensouveränität bedeutet, die volle Kontrolle über die eigenen Daten zu haben. Sie verspricht Privatsphäre, Freiheit und Nachhaltigkeit. Datensouveränität zu verwirklichen ist sowohl spannend als auch praktisch – und sie fördert prosoziales Verhalten. Self-Hosting (also das Betreiben eines eigenen Servers) ist ein hervorragender Weg zur Datensouveränität.

Dieses Buch wird dir helfen, Self-Hosting effizient zu erlernen und in der Praxis anzuwenden. Du wirst Selbstvertrauen im Umgang mit den damit verbundenen Herausforderungen gewinnen und die Vorteile aus erster Hand erleben. Die Fähigkeiten, die du dir aneignest, sind sowohl zu Hause, am Arbeitsplatz als auch in deiner Gemeinschaft anwendbar.

1.1. Willkommen

Ich freue mich sehr dass du hier bist!

Ich möchte dir dabei helfen, einen Server zum Laufen zu bringen. Das Self-Hosting-Ökosystem ist überfüllt und oft verwirrend – deshalb habe ich eine Reihe schwieriger Entscheidungen bereits für dich getroffen, basierend auf sinnvollen und erprobten Voreinstellungen. Ich werde dir dabei helfen, deinen eigenen Server bereitzustellen (einzurichten) und einige nützliche Webdienste darauf zu installieren. Bring mit, was auch immer du an Sysadmin-Erfahrung hast, ein paar motivierte Nutzer*innen – und den Wunsch, dir echte Self-Hosting-Kompetenz anzueignen.

Das Internet ist oft ein unerbittlicher Kampf um Geld und Aufmerksamkeit. Unser Verhalten wird endlos getrackt – wir sind das Produkt. Der Smog der Überwachung erstickt unsere Freiheit und untergräbt das Vertrauen. Wir werden:

- Uns nicht mit billigen Cloud-Diensten zufriedengeben.
- Ablenkungen reduzieren.
- Unsere Aufmerksamkeit, Zeit und Freiheit wertschätzen.
- Die klare, frische Luft geringerer Überwachung atmen, indem wir selbst eine Alternative zum erschreckenden gesellschaftlichen Standard schaffen, Privatsphäre gegen Bequemlichkeit zu tauschen.
- Geld sparen, indem wir viele Dienste effizient auf eigener Hardware betreiben – mit kaum zusätzlichen Kosten.
- Gutes tun für unsere Freund*innen, Familien und sozialen Gruppen.
- Dinge tun, die mit öffentlichen Diensten nicht möglich sind, weil wir vollständigen Zugriff auf unsere Rohdaten haben.
- Uns anpassen und wachsen, wenn sich Software weiterentwickelt – und dabei unsere Daten und Metadaten mitnehmen.
- Teilen, was und wann es sinnvoll ist – mit den Menschen, denen wir vertrauen.

Dies ist das Buch, das ich mir gewünscht hätte, als ich versucht habe, meinen Kindern ein sicheres Online-Erlebnis zu ermöglichen.

Neue Self-Hosterinnen können dieses Buch als Einstieg nutzen. Erfahrene Self-Hosterinnen können meine Entscheidungen mit ihren eigenen vergleichen.

1.1.1. Voraussetzungen

Um das Beste aus diesem Buch herauszuholen, solltest du über grundlegende Sysadmin-Erfahrung verfügen. Dazu gehört die Fähigkeit, deinen Router und dein LAN (lokales Netzwerk) zu konfigurieren, Linux auf einem Computer zu installieren (im Folgenden als dein Server bezeichnet), dich per SSH (Secure Shell) mit deinem Server zu verbinden, Textdateien zu bearbeiten und Befehle auf dem Server auszuführen sowie Dateien zwischen deinem Server und anderen Geräten zu übertragen.

Falls dir eines dieser Konzepte nicht vertraut ist, hilft dir ein kurzer Abstecher zu deiner bevorzugten Suchmaschine oder ein Besuch bei einer lokalen Nutzergruppe sicher weiter.

Ich empfehle das Hosting auf Bare Metal (greifbarer, lokal betriebener Computer-Hardware), was einige Anforderungen an den physischen Standort deines Servers mit sich bringt. Mehr zu den Details und Anforderungen von Bare-Metal-Hosting findest du im Abschnitt *Abschnitt 7.2, "Hardware vorbereiten"*.

Zum Schluss noch einige bewährte Vorgehensweisen, die du beim Lesen im Hinterkopf behalten solltest:

Dokumentiere alles, was du tust – selbst wenn es nur für dein zukünftiges Ich ist. Hole dir Unterstützung und bilde andere aus, indem du deine Dokumentation nutzt, um Wissen weiterzugeben. Bleib fokussiert, mach Pausen, sei geduldig und achte auf deinen Körper. Bitte um Hilfe und fordere aktiv Rückmeldungen ein. Höre auf deine Nutzer*innen, sammle Daten und passe dich entsprechend an.

1.2. Unterstütze den Author

Ich habe dieses Buch aus nach jahrelanger Recherche mit eigenen Reseourcen viel Unterstützung großartiger Menschen geschrieben. Siehe *Danksagungen* (gegen Ende des Buches).

Bitte kaufe ein Exemplar [https://selfhostbook.com/buy/] für dich selbst oder für jemand anderen – besonders, wenn du möchtest, dass ich in Zukunft weitere Bücher schreibe.

1.3. Textversion

Dieses Buch wurde am **Fr 2. Jan 14:01:44 PST 2026** mit `LANG` auf Einstellung `de_DE.UTF-8` von der Quelle `steadfast.asciidoc` mit Stand `5d497e2`, Zweig `main`, Makierung `de-1.0`, mit **Ubuntu 24.04.3 LTS** generiert.

1.4. Urheberrecht und Lizenz

Zuverlässiges Self-Hosting: Eine schnell aufbaubare eigene Cloud ist ©2026 Adam Monsen. Manche Rechte vorbehalten.

1.4.1. Vervielfältigung dieses Buches

Dieses Buch steht unter der Creative Commons Attribution-ShareAlike 4.0 International (CC BY-SA 4.0) Lizenz.

Man darf

Teilen

das Material in jedem Format oder Medium vervielfältigen und weiterverbreiten; und zwar für beliebige Zwecke, sogar kommerziell.

Bearbeiten

das Material remixen, verändern und darauf aufbauen; und zwar für beliebige Zwecke, sogar kommerziell.

Der Lizenzgeber kann diese Freiheiten nicht widerrufen solange die Lizenzbedingungen eingehalten werden.

Unter folgenden Bedingungen...

Namensnennung

Man muss angemessene Urheber- und Rechteangaben machen, einen Link zur Lizenz beifügen und angeben, ob Änderungen vorgenommen wurden. Diese Angaben dürfen in jeder angemessenen Art und Weise gemacht werden, allerdings nicht so, dass der Eindruck entsteht, der Lizenzgeber unterstütze gerade dich oder deine Nutzung besonders.

Weitergabe unter gleichen Bedingungen

Wenn man das Material remixen, verändern oder anderweitig direkt darauf aufbauen möchte, darf man seine Beiträge nur unter derselben Lizenz wie das Original verbreiten.

Keine weiteren Einschränkungen

Man darf keine zusätzlichen Klauseln oder technische Verfahren einsetzen, die anderen rechtlich irgendetwas untersagen, was die Lizenz erlaubt.

Hinweise

Man muss sich nicht an diese Lizenz halten hinsichtlich solcher Teile des Materials, die gemeinfrei sind, oder soweit die Nutzungshandlungen durch Ausnahmen und Schranken des Urheberrechts gedeckt sind.
 Es werden keine Garantien gegeben und auch keine Gewähr geleistet. Die Lizenz verschafft möglicherweise nicht alle Erlaubnisse, die man für die jeweilige Nutzung braucht. Es können beispielsweise andere Rechte wie Persönlichkeits- und Datenschutzrechte zu beachten sein, die die Nutzung des Materials entsprechend beschränken.

1.4.2. Kopiere auch den Code dieses Buches

Siehe Kapitel 11, *Weitere Ressourcen* für den Quellcode. Der Quellcode umfasst zwei Originalwerke, die man kopieren, verändern und weitergeben darf. Zum einen das Buch selbst, inklusive des Codes zur

Erstellung schön gesetzter Versionen. Zum anderen ein Lernwerkzeug namens mario (siehe Kapitel 8, *mario*).

Die Lizenz für sämtlichen originalen Quellcode im Zusammenhang mit diesem Buch ist die GNU AGPL (Affero General Public License), veröffentlicht von der Free Software Foundation, entweder in Version 3 der Lizenz oder (nach deiner Wahl) jeder späteren Version. Eine Kopie der AGPL ist in `mario/COPYING` enthalten.

1.5. Haftungsausschluss

Ich übernehme keine Gewährleistung und keine Garantie. Der Kauf oder das Lesen dieses Textes stellt keine Vereinbarung über Support dar.

Obwohl bei der Erstellung dieses Buches mit größter Sorgfalt vorgegangen wurde, übernehme ich keine Verantwortung für Fehler oder Auslassungen sowie keine Haftung für Schäden, die aus der Nutzung des Codes oder der Inhalte entstehen.

Ich bin nicht beruflich mit den im Buch genannten Produkten verbunden und werde von den genannten Unternehmen nicht bezahlt. Deren Urheberrechte, Marken und geistiges Eigentum gehören ihnen selbst.

Alle geäußerten Meinungen sind meine eigenen.

Ich beziehe mich in diesem Buch direkt auf viele Produkte und Unternehmen und teile meine konkreten, mühsam gewonnenen Erkenntnisse über ihre jeweiligen Stärken und Schwächen. Mein Ziel ist es, aufzuklären und zu informieren.

Ich werde Abkürzungen nehmen. Ich beabsichtige nicht, jedes Thema vollständig und erschöpfend zu behandeln. Ich möchte, dass du schnell zum Wesentlichen kommst – und dann selbst entscheidest, ob, wann und wo du tiefer einsteigen möchtest.

Wenn du Widersprüche zu diesen Aussagen findest, gib mir bitte Bescheid.

Ich bin ein Mensch und mache Fehler. Ich mache es dir leicht, Kontakt mit mir aufzunehmen, fehlende oder fehlerhafte Informationen zu melden – und sie bei Interesse auch selbst zu verbessern. Bitte tu das! Siehe Kapitel 11, *Weitere Ressourcen* für Kontaktinformationen und Hinweise, wie du Verbesserungen teilen kannst.

1.6. Schreibstil

Textformatierung:

Tabelle 1. Typografische Konventionen

Gestaltetes Beispiel	Verwendung
`zpool status -t`	Inline-Befehl, Dateiname, Benutzername, Passwort oder Variable. Längere Ausschnitte aus der Konsolenausgabe verwenden eine sprachspezifische Syntaxhervorhebung.
`Ctrl + c`	Auf der Tastatur gedrückte Taste(n).
example.com	Einfacher (unbenannter) Link. Das https-Schema wird vorausgesetzt und weggelassen.
Example domain [https://example.com]	Benannter Link. Die vollständige URL erscheint in der Druckversion.
`https://cloud.example.com`	Nicht funktionierende Beispiel-URL. Ersetze .example.com durch den tatsächlichen Domainnamen.
Kapitel 6, *System Design*	Verweis auf einen anderen Abschnitt oder ein anderes Kapitel.

Hinweise:

Hilfreiche oder ergänzende Informationen.

Hier ist ein praktischer Tip!

Etwas von besonderer Bedeutung.

 Eine vorsorgliche Warnung.

 Eine konkrete Warnung vor möglichen Problemen.

Seitenleisten:

> Eigenständige oder ergänzende Inhalte werden visuell abgesetzt in einer Seitenleiste wie dieser dargestellt. Seitenleisten können mit oder ohne Titel erscheinen.

Codeausschnitte:

Listing 1. Beispiel-Codeausschnitt (🐟 Server)

```
echo foo | sed s/foo/bar/
```

Titel von Codeausschnitten können angeben, wo der Code ausgeführt werden soll. Wird kein Ort genannt, wird der oder die beabsichtigten Ausführungsumgebungen im Text erklärt. In diesem Fall weist „🐟 Server" darauf hin, dass dieser Bash-Skript-Ausschnitt auf deinem Server ausgeführt werden soll.

Kapitel 2. Hintergrund

Du denkst vielleicht: „Das ist aber ganz schön viel Hintergrundinformation!" Und du hast recht.

Ich gehe hier absichtlich so ausführlich auf den Hintergrund ein, weil ich beim Halten von Vorträgen über Self-Hosting etwas Wichtiges festgestellt habe: Menschen wissen, wie man lernt und unterscheidet – aber sie wünschen sich eine sinnvolle Motivation, sich wirklich auf das Lernen einzulassen.

Ich hoffe, dass du genau das hier findest.

2.1. Wer bin ich?

Ich bin Vater, Tech-Unternehmer und begeisterter Verfechter von FOSS (freier und quelloffener Software). Ich liebe es, zu erziehen, zu sorgen, zu lachen, zu singen, zuzuhören, zu programmieren, zu bauen, zu gestalten, zu debuggen, zu entwerfen, zu führen, zu managen – und noch mehr zu debuggen, zu lehren und zu schreiben.

Ich bin gut darin, Systeme und Prozesse zu verwalten und abzusichern, während ich gleichzeitig Datenschutz, Compliance und Zuverlässigkeit sicherstelle.

Am meisten stolz bin ich auf meine Familie, auf den Ausbau von Mifos [https://mifos.org], die Mitbegründung von SeaGL [https://seagl.org], den Verkauf von C-SATS [https://csats.com], und Buch geschrieben zu haben.

Ich betreibe seit Jahrzehnten meine eigenen Dienste. Angefangen hat es mit einem Blog und einem Fotoalbum, die auf dem Rechner eines Freundes liefen. Das Gefühl von Freiheit und Kontrolle war elektrisierend – und es unterstützte gleichzeitig meine Effektivität bei der Arbeit. Deshalb habe ich weitergemacht und viele meiner Dienste selbst betrieben – wenn auch selten auf eigener Hardware.

Als ich eine Familie hatte, wuchsen unsere Anforderungen an Datenspeicherung und Funktionalität. Ein einfaches Netzlaufwerk und Datei-Synchronisation reichten nicht mehr aus. Zu Beginn der Pandemie saßen wir alle zuhause fest – und online. Ich wurde skeptisch gegenüber Unternehmen, die aus dieser neuen Abhängigkeit Kapital schlagen wollten. Also begann ich, mehr zu Hause selbst zu hosten – und stellte fest, wie überraschend einfach, nützlich und unterhaltsam das sein kann.

Etwa zur gleichen Zeit entschloss ich mich, mich von Google zu lösen (De-Googling). Der Familienbedarf und mein Wunsch, Google zu meiden, passten hervorragend zusammen. Self-Hosting war ein glücklicher Zufallstreffer. Allein der Versuch, Google hinter sich zu lassen, war eine faszinierende und erfüllende Reise – begleitet von zahlreichen Self-Hosting-Experimenten.

2.2. Warum habe ich dieses Buch geschrieben?

Ich habe dieses Buch geschrieben, um Datensouveränität als prosoziales Verhalten zu fördern. Dank Self-Hosting ist das heute einfacher denn je – und ich wollte dieses Wissen in Buchform weitergeben.

Die bisherigen Bücher zu diesem Thema bieten keine gute, schnelle und billige Methode, um Self-Hosting auf eigener Hardware Bare Metal umzusetzen. Ich habe eine solche Methode gefunden – und ich glaube, du wirst sie lieben. Sie funktioniert übrigens auch in der Cloud, kostet dort aber deutlich mehr (siehe Abschnitt 7.2.1, "Server").

Außerdem: Lernen macht Spaß. Ich lerne beim Schreiben. Als ich erforschte, wie mein Handy eigentlich funktioniert, wurde mir bewusst, wie wichtig es ist, zu verstehen, wie „die Cloud" funktioniert – denn moderne Smartphones basieren stark auf Cloud-Diensten und -Daten. Beim Versuch, mein Handy wirklich „mein eigenes" zu machen (also so, dass es mir hilft, mein bestes Leben zu leben), kam mir die Idee, meine Daten in meiner eigenen Cloud zu hosten.

Fast alle Techies, die ich kenne, hosten irgendetwas selbst – oft etwas, das ich noch nie gehört habe. Es gibt immer einen neuen Self-Hosting-Dienst zum Ausprobieren, Lernen, Optimieren und Weiterempfehlen.

Ich wollte außerdem das Buch schreiben, das ich mir gewünscht hätte, als ich mit Self-Hosting anfing.

Und: Es sollte einfach ein Buch darüber geben. Online findest du unzählige Videos, Artikel und Code-Schnipsel, die alles in diesem Buch und mehr abdecken. Viele davon sind großartig. Aber dieses Buch gehört dir – zum Nachschlagen, Ausprobieren und Lernen.

Und: Es gibt eine auffällige Lücke zwischen einem nützlichen Einzelrechner und nützlichen Cloud-Diensten. Cloud ist leicht zu bezahlen – aber die wahren Kosten sind verborgen: Überwachung, Abhängigkeit, Inflexibilität.

Ich kann mir gut vorstellen, dass wir in Zukunft Datengeräte für den privaten Haushalt besitzen werden, die Privatsphäre wirklich respektieren – so selbstverständlich wie heute ein Kühlschrank. Solche Geräte wurden schon oft versucht und es wird immer wieder neue Versuche geben. Bis sich ein solches Gerät durchsetzt, bleibt Self-Hosting – also das Einrichten eines eigenen Servers und eigener Dienste – eine hervorragende Lösung.

2.3. Warum dieser Titel?

2.3.1. Steadfast Self-Hosting

Ich mag das Wort *steadfast* (*standhaft*). Es erinnert mich an verlässliche

Dinge und Menschen.

Der Schlüssel zu zuverlässigem Self-Hosting ist Datensouveränität. Software wird sich ändern, Dienste werden sich ändern, du wirst dich ändern, und die Welt wird sich ändern. Wenn deine Daten dir durch all diese Veränderungen zuverlässig dienen sollen, musst du die Kontrolle über sie haben.

Es macht tatsächlich einen Unterschied, eine eigene Kopie zu besitzen. Du könntest den Zugriff auf etwas verlieren, das du vermeintlich „gekauft" hast – weil du es in Wahrheit nur gemietet hast. Es könnte sich sogar direkt vor deinen Augen verändern. Mehr dazu:

- PlayStation To Delete A Ton Of TV Shows Users Already Paid For [https://kotaku.com/sony-ps4-ps5-discovery-mythbusters-tv-1851066164] by Ethan Gach

- What is DRM? [https://defectivebydesign.org/what_is_drm] by the Free Software Foundation

- It's Their Content, You're Just Licensing it [https://nytimes.com/2023/04/04/arts/dahl-christie-stine-kindle-edited.html] by Reggie Ugwu

Das Speichern von Kopien von Daten, die jemand anderes für dich hostet, ist in Ordnung. Self-Hosting geht einen Schritt weiter und verschafft dir weitreichende Kontrolle darüber, wie deine Daten verwendet und geteilt werden. Du erhältst die Kontrolle über autoritative Kopien deiner Dateien – du weißt also, was die „Wahrheit" ist und kannst sie bestimmen. Und das alles mit Zuverlässigkeit und Flexibilität zu einem vertretbaren Budget.

Self-Hosting bedeutet, Computerdienste von und für Einzelpersonen, Familien und Hobby-Anwender in SOHO-Umgebungen (Small Office / Home Office) bereitzustellen.

Vielleicht ist „Hosting für kleine Gemeinschaften" sogar der treffendere Begriff. Du liest auf jeden Fall das richtige Buch, wenn du Dienste für eine kleine Gemeinschaft bereitstellen möchtest.

Zum Schluss noch ein Hinweis zur Terminologie: In der Informatik – insbesondere bei Compilern – bezeichnet „Self-Hosting" einen besonders schönen Meilenstein: nämlich wenn eine Programmiersprache sich selbst kompilieren kann. An meine Freunde in den angrenzenden Disziplinen: Es tut mir leid, dass ich den Begriff „Self-Hosting" hier so frei überlade, um „Hosting für kleine Gemeinschaften" zu meinen. Ihr hattet ihn zuerst – ich leihe ihn mir nur aus und hoffe, dass unsere kontextuellen Fahrbahnmarkierungen Zusammenstöße verhindern.

2.3.2. Rapid-Rise Personal Cloud

Rapid ist dazu da, dich zu motivieren, sofort einzusteigen und zu lernen *Rapid* bedeutet nicht gleich *rücksichtslos*! Ich setze mich entschieden für einen durchdachten und robusten Ansatz beim Self-Hosting ein. Wenn du auf eine Herausforderung stößt, nimm dir Zeit – so lernst du am Ende schneller. Sobald du ein Konzept verstanden hast, übe es. Scheitere früh und oft – mit schnellen Iterationen auf dem Weg zur Perfektion.

Rapid-rise steht oft auf einer Packung Backhefe – und ich liebe frisch gebackenes Brot. Wenn dein Server also ein Laib Brot ist, dann ist dieses Buch deine Schnellhefe.

Abbildung 2. Server in der Form eines Brots.

Cloud bedeutet, dass es skalierbar und automatisierbar ist. *Personal* begrenzt diese Skalierbarkeit auf ein sinnvolles Maß für eine kleine Gruppe." Ein Bare Metal Server kann innerhalb seiner eigenen Hardware bis zu einem gewissen Maß skalieren Es kann sich automatisch anpassen, indem es je nach Rechenbedarf mehr oder weniger Leistung nutzt, und manuell, wenn man Hardware-Komponenten aufrüstet (zum Beispiel durch Hinzufügen einer weiteren Festplatte)."

Ich gebe zu, mein inneres Kind freut sich über die Mehrdeutigkeiten des Begriffs *Personal Cloud*.

2.4. Für wen ist dieses Buch??

Dieses Buch ist für Menschen, die freundlich zu anderen sind, mutig darin, Neues auszuprobieren, neugierig auf die Möglichkeiten des Self-Hostings und entweder unsicher, wie sie es angehen sollen, oder eifrig, ihr bestehendes Homelab (Self-Hosting-Setup) zu verbessern.

Dieses Buch ist für Menschen, die wissen wollen, wo ihre Daten leben, und in der Lage sein möchten, allerlei Magie damit zu vollbringen. Es ist ein „von Grund auf" oder „der harte Weg"-Ansatz und hält die Türen weit offen für viele Möglichkeiten mit einer prinzipientreuen Self-Hosting-Technik. Manchmal berichte ich, was für mich funktioniert hat, anstatt konkret zu empfehlen, was du tun solltest.

Dieses Buch ist für Menschen, die neugierig auf FOSS sind oder diesem bereits zugeneigt sind. Und – so viel ich auch über FOSS reden werde – ich bin hier nicht, um zu urteilen. Ich bin hier, um zu wachsen, vor allem durch Teilen und Lernen.

Dieses Buch ist für Studierende, insbesondere technikaffine oder techniknahe Studierende, die in Clubs und Teams aktiv sind.

Dieses Buch bietet Motivation für Self-Hosting und einen exzellenten Lernprozess dafür. Seine versionsspezifischen Inhalte werden voraussichtlich mit der Zeit veralten. Seine Motivation und sein Lernprozess werden mit der Zeit immer relevanter.

Dieses Buch ist für diejenigen, die versuchen, mehr für andere und weniger für sich selbst zu leben; die selbstlos sind und dabei das „selbstlos sein" genießen. Führungskräfte, Eltern/Erziehungsberechtigte, Mitglieder einer Gemeinschaft oder einer kleinen Gruppe von Freunden. Menschen, die Self-Hosting betreiben wollen, die auch andere lieben und neben der Systemadministration noch andere Dinge tun möchten. Ich werde dir wertvolle Zeit für diese anderen Dinge sparen, während ich die Sysadmin-Anteile unterhaltsam gestalte.

Ähnlich wie bei „small community hosting" wären *Small Group Cloud* passendere Bezeichnungen als *Personal Cloud*. *Small group* (Kleingruppe) ist eine großartige Zielgröße für das, was du erschaffen wirst. Ich würde mir die Mühe nicht machen, das alles nur für mich selbst zu tun.

Dieses Buch richtet sich an Menschen, die sich für Self-Hosting interessieren oder daran interessiert sind, damit zu beginnen. Es ist darauf ausgelegt, die nützliche, sichere und schnelle Einrichtung eines einzelnen Bare-Metal-Servers mit vielen Diensten zu unterstützen.

Dieses Buch ist für Menschen, die *de-Google*, *de-iTunes*, *de-OneDrive*, *de-Dropbox*, *de-Wasauchimmer* machen möchten.

2.5. Was ist dieses Buch *nicht*?

Dies ist kein umfassender Leitfaden zum Thema Self-Hosting. Ich werde nicht versuchen, die endlosen Möglichkeiten aufzulisten, wie man Hardware, Betriebssysteme, Isolierungstechniken und Dienste kombinieren kann. Dieses Buch richtet sich an den kleinen Maßstab. Suche anderswo nach:

- Hochverfügbarkeit
- Enterprise-Sicherheit
- N+1-Redundanz
- Verwaltung vieler Rechner
- Clustering
- Single Sign-On
- Erweiterte Überwachung und Zentralisierung von Metriken
- Einhaltung gesetzlicher Vorschriften
- Erkennung und Abwehr von Eindringlingen/Bedrohungen
- Tiefgehende Sicherheitshärtung
- Betrieb eines eigenen Container-Registrierung
- 100 % Offline- / autarkes Self-Hosting

Es gibt einige Themen wie diese, die ich überspringen oder nur kurz behandeln werde. Jedes einzelne dieser Themen ist eine ganze Branche, ein weiteres Stück Hardware, eine Einstellung an deinem Heimrouter, eine potenzielle Karriere, keines oder alles davon – und auf jeden Fall eine Überlegung wert. Du kannst und solltest dir ihrer bewusst sein. Falls du das Gefühl hast, dass ich etwas, das für meine Methode des Self-Hostings kritisch relevant ist, komplett ausgelassen habe, lass es mich bitte wissen.

Dieses Buch richtet sich nicht an diejenigen, die bereits mit umfangreichen Ressourcen alles umgesetzt haben. Wenn du 50.000 Dollar und unbegrenzt Zeit hast, um deinen Betonbunker-Homelab einzurichten … nun, darf ich eine Führung haben? Ich würde das wirklich gern sehen. Wenn du eher neugierig als sicher bist, kannst du trotzdem Spaß daran haben, aus meinen Entscheidungen zu lernen.

Ich schreibe nicht, um es hartgesottenen Software-Patent- und Lizenz-Aktivisten recht zu machen. Diese großartigen Menschen werden meine absichtliche Verwendung des Wortes *open* (*offen*) und das Weglassen des Wortes *libre* (*frei*) sofort bemerken. Ich liebe all diese Begriffe, ich stimme zu, dass Worte wichtig sind, und ich stehe auf der Seite der Inklusion – auch wenn das Idealismus kosten kann (wobei ich hoffe, dass diese Konzepte sich nicht ausschließen). Ich danke den Aktivisten dafür, dass sie geholfen haben, die Nadel in Richtung Freiheit zu bewegen – zu unserem aller Nutzen.

Dieses Buch ist kein Manifest für immer und ausschließlich Self-Hosting. Es ist vollkommen in Ordnung, einige Dienste selbst zu hosten und für andere zu bezahlen. Du wirst deine eigene Checkliste entwickeln, was du wann selbst hosten möchtest. Meine fokussiert darauf, mir und meiner Familie eine nützliche, verlässliche und zukunftssichere Cloud bereitzustellen.

Dieses Buch ist nicht der schnellste Weg, um Webdienste auszuprobieren. Für viele Projekte findest du meist Demo-Instanzen im Netz. Es gibt Cloud-Anbieter, die einen Dienst für dich betreiben und deine Daten hosten.

Siehe auch: Abschnitt 11.2, "Alternativen zu mario".

2.6. Wie Buch schreiben?

Wieso sprichst du wie ein Höhlenmensch?

Ich habe das Buch ursprünglich in Markdown-Klartext in meinem zuverlässigen Texteditor geschrieben, Vim [https://www.vim.org]. Ich habe großzügige Mengen an Pandoc [https://pandoc.org], Zeit, and Liebe angewandt. Pandoc ist ein fantastisches FOSS-Tool, das es mir ermöglichte, diese einzelne Klartextdatei mit gut lesbarem Markdown Satzbau zu verwenden, um mehrere unterschiedliche, ansprechende Outputs zu erzeugen. Beim Überarbeiten bin ich auf das Build-System von Pro Git 2 [https://github.com/progit/progit2] gestoßen. (Danke an Scott und Ben!). Kurz gesagt habe ich das Buch auf AsciiDoc [https://asciidoc.org] umgestellt und meinen Satzcode auf Asciidoctor [https://asciidoctor.org] portiert. Das vereinfachte den Bucherstellungsprozess und ermöglichte mir mehr und bessere Output-Formate.

> Schau dir den Quellcode an – du bist herzlich eingeladen, ihn zu bearbeiten und anzupassen. Siehe Kapitel 11, *Weitere Ressourcen*.

Ich habe versucht, so viel wie möglich auf Standard-FOSS-Software zurückzugreifen und nur minimal anzupassen. Das hat mir geholfen, mich auf den Inhalt zu konzentrieren und das Buch einfach genug zu halten, um es selbst zu veröffentlichen.

2.6.1. Wann Buch schreiben?

Immer noch mit dem Höhlenmenschen. Reicht jetzt aber. Ich habe dieses Buch 2023 geschrieben. Und hör zu, selbst wir gesegneten Höhlenbewohner sollten dem Selbst-Hosting eine Chance geben. Wir schaffen das!

2.6.2. Wo?

Seattle.

2.6.3. Hey.

Zugegeben, die letzten paar Abschnitte existieren nur, damit ich alle 5 Ws [https://de.wikipedia.org/wiki/Fragetechnik#Offene_W-Fragen_in_der_Praxis] (wer, was, wann, wo, warum) abdecken und das ‚Höhlenmenschen'-Gimmick einbauen kann.

2.7. Eine Anmerkung zu FOSS

Ich bevorzuge FOSS gegenüber nicht-FOSS. Das kann ein polarisierendes Thema sein. Allein schon der Gebrauch des Begriffs FOSS statt anderer Varianten kann kontrovers sein. Aber das alles sind nur Ablenkungen. Gerade heute brauchen wir Kompromissbereitschaft, Geduld und Freundlichkeit. Neugier statt Gewissheit.

Hier ist mein Versprechen an dich, lieber Leserin:

Ich werde versuchen, nicht zu sehr zu predigen.

Ich werde *praktische* Lösungen *idealistischen* vorziehen. Manchmal werde ich das nicht schaffen – besonders wenn es um FOSS geht. Am deutlichsten zeigt sich das darin, dass ich in diesem Buch nicht-FOSS-Alternativen kaum erwähne.

Ich kenne die Spannung zwischen praktischen und idealistischen Lösungen, und ich glaube, dass diese Spannung etwas Gutes ist – weil sie uns dazu bringt, kritisch zu überlegen, welche Cloud-Dienste wir nutzen sollten, und nicht nur, welche wir nutzen können. Das ist eine kurze Überlegung wert.

Unsere Daten sind wichtig, und unsere persönlichen Entscheidungen ebenso. Ihre Auswirkungen betreffen auch die Gruppen, zu denen wir gehören – ebenso wie die Chance auf Verbesserung.

Ich glaube, dass selbstgehostetes FOSS machbar ist und viele praktische Vorteile gegenüber nicht-FOSS bietet.

Halte durch und gib mir Rückmeldung. Du wirst deinen eigenen Mittelweg zwischen Idealismus und Pragmatismus finden, und ich bin gespannt, wo du am Ende landest.

Kapitel 3. Deine Reise

Die stetigen Fortschritte in Hard- und Software machen Self-Hosting heute einfacher und billiger denn je. Und in einem entscheidenden Punkt deutlich komplexer: Für Einsteiger gibt es eine überwältigende Anzahl an Entscheidungen zu treffen.

Halte durch. Ich helfe dir, die Auswahl einzugrenzen, indem ich dir gezielte und praxisnahe Empfehlungen gebe.

Mach dir nicht zu viele Sorgen über einzelne Entscheidungen. Deine persönliche Cloud ist formbar. Tausche nach Belieben Komponenten aus. Wenn du dich mal falsch entscheidest, triff einfach eine neue Entscheidung – idealerweise basierend auf Metriken und tatsächlichen Nutzerbedürfnissen.

Du bist keine Versagerin, wenn du nicht gleich beim ersten Mal alles richtig machst.

Es ist völlig in Ordnung, langsam von dem umzusteigen, was du derzeit nutzt. Du musst nicht alles auf einmal umkrempeln.

Es ist auch völlig in Ordnung, gar nicht umzusteigen und dieses Buch nur zur persönlichen Weiterbildung und zum Experimentieren zu nutzen.

Und es ist okay, wenn du nicht perfekt nach deinen oder den Idealen anderer lebst. Halte an deinen Werten fest, während du sie gleichzeitig hinterfragst und weiterentwickelst. Genieße deine Reise.

3.1. Warum du deine Software selbst hosten solltest

Frag dich ruhig noch einmal – wie man es tun sollte – warum zur Hölle sollte überhaupt jemand Software-Dienste selbst hosten? Es gibt so viele gute Gründe!

- Flexibilität
    - nur die Dienste ausführen, die du und deine Nutzer*innen wollen
    - mehrere Dienste nutzen, die denselben Datenspeicher verwenden
    - automatisiere, was du willst, wann du willst
    - unbegrenztes Teilen
    - unbegrenztes Streaming
    - unbegrenzte Auswahlmöglichkeiten
- Spaß!
    - lernen und wachsen
    - Self-Hosting ist eine machbare Herausforderung
    - passende Rätsel lösen, während du lernst und dich verbesserst
    - Teil der florierenden Self-Hosting-Community sein
- Zukunftssicher sein
    - deine Nutzer*innen von den unvorhersehbaren Änderungen proprietärer Produktpreise, Serviceangebote und UI/UX abschirmen
    - deine hart erarbeiteten Daten mit Freunden und Familie teilen – für immer
    - problemlos auf etwas anderes migrieren, wenn nötig (zum Beispiel, wenn ein neuer/besserer Fotoserver verfügbar wird)

- es sind wirklich die Daten, die geschützt werden müssen; die Frontends zu diesen Daten (Dateiviewer, Editoren usw.) werden sich ändern, wenn du es entscheidest
- Computing demokratisieren
  - selbstgehostete Software (insbesondere FOSS) ermöglicht Daten- und Rechenautonomie
- Strom sparen
  - der Energieverbrauch im Cloud-Backend pro Gerät sinkt drastisch bei wenigen Nutzern
  - je mehr Nutzer, desto mehr Stromersparnis
  - siehe verlinkte Artikel in Abschnitt 7.2.1, "Server"
- Geld sparen
  - selbstgehostete Hardware ist in der Regel billiger als die Cloud (also gemietete Dienste)
  - Einsparungen steigen, wenn der Speicherbedarf deiner Nutzer*innen in den Terabyte-Bereich geht
  - spare mehr mit jedem weiteren Dienst, den du betreibst
  - unerwartete Kosten bei Public-Cloud-Anbietern vermeiden
    - Egress-Gebühren machen es teuer, deine Daten herunterzuladen und umzuziehen
    - vergisst man, eine VM (virtuelle Maschine) zu stoppen, kann es schnell teuer werden
    - du könntest übermäßig viel Zeit und Geld damit verbringen, dich durch das verwirrende Service-Menü der Public Cloud zu kämpfen
  - unerwartete Änderungen bei Public-Cloud-Anbietern vermeiden
    - Änderungen bei Lizenzgebühren
    - Änderungen bei Nutzungsgebühren

- Änderungen bei Supportkosten
- Änderungen im Serviceangebot
  - nahezu keine zusätzlichen Kosten für weitere Nutzer und Dienste
- Geschwindigkeit / Zeit sparen
  - ein lokaler Server kann deutlich bessere Reaktionszeiten haben, vorausgesetzt, die Hardware ist angemessen und die Dienste gut konfiguriert
  - lokale Daten („data locality") bedeuten, dass du keine Rundreisen zu Rechenzentren anderer machen musst, um zu experimentieren
  - gemeinsamer Speicher erlaubt es dir, deine Daten über mehrere Dienste bereitzustellen, mit sinnvoll definiertem Lese-/Schreibzugriff
- Vendor Lock-in vermeiden
  - du kannst Softwarefunktionen nutzen, die Public-Cloud-Anbieter nicht anbieten oder die es dort noch nicht gibt, da du vollständigen Zugriff auf deine Rohdaten hast
  - wenn du etwas mit DRM kaufst, besitzt du es nicht wirklich
  - gibt es eine Integration, auf die du dich verlässt? Manchmal funktioniert ein Dienst nicht mehr mit einem anderen. Das passiert bei FOSS seltener, weil jeder ein Projekt einfach forken (kopieren, ändern und teilen) kann.
- Privatsphäre
  - den abschreckenden Effekt der Massenüberwachung vermeiden
  - mit einer persönlichen Cloud kannst du GPS-Breitengrad und -Längengrad sicher in deinen Fotometadaten behalten
  - sobald du deine Standortdaten speicherst, kannst du kreative Dinge damit tun

- wenn du deine Position und dein Verhalten nicht ständig mit Google teilen musst, warum tust du es?
  - entferne dich aus der Gleichung der Nutzeranalyse – wenn du ein Video über einen fremden Dienst streamst, wissen sie und analysieren jedes Mal, wenn du (oder deine Kinder) ein Video, das du „besitzt", (erneut) ansiehst, zurückspulst, vorspulst, pausierst... aber müssen sie das wissen? warum?
- Neue Möglichkeiten erschließen
  - beliebige Workflows auf hochgeladene Dateien anwenden
  - vertrauenswürdige, offline-fähige generative KI-Modelle einsetzen
  - Funktionen genießen, die es in öffentlichen Diensten nicht gibt

3.2. Warum du deine Software nicht selbst hosten solltest

Self-Hosting ist komplexer und zeitaufwendiger als das Bezahlen für die gleiche Funktionalität – besonders am Anfang. Es erfordert Disziplin und Geduld, wie das Erlernen eines neuen Instruments (aber dieses Instrument spielt irgendwann von selbst!).

Wenn etwas kaputtgeht, bist du die Person, die es repariert. Manchmal bekommst du eine hilfreiche Fehlermeldung, manchmal findest du im Web eine schnelle Lösung. Manchmal bekommst du keine – und kannst auch keine finden.

 Wenn dir Fehlersuche und Debugging keinen Spaß machen, ist Self-Hosting vielleicht nichts für dich.

Wenn du nicht sorgfältig mit Backups und Sicherheit umgehst, riskierst du Zeit, Energie und das Vertrauen von Menschen, die dir wichtig sind.

Self-Hosting vor Ort bringt zusätzliche physische Überlegungen mit sich. Du musst für ausreichende Stromversorgung, Konnektivität, HVAC (Heizung, Lüftung und Klimatisierung) und Sicherheit sorgen. Stell deinen Server einfach nicht draußen ab.

Kapitel 4. Praktische Beispiele

Ich verwende täglich viele verschiedene Softwaretools. Ich muss etwas nachschlagen, eine Fahrt organisieren, Essen kaufen und so weiter. Viel von dieser Software ist leider ziemlich nervig! Sie scheint immer mehr von meiner Zeit, Aufmerksamkeit und meinem Geld zu wollen – dabei will ich doch nur das praktische Ergebnis erreichen, bei dem sie mir angeblich helfen soll. Deshalb vertraue ich ihr immer weniger und überlege ständig, wie ich sie durch etwas ersetzen kann, das ich lieber mag und dem ich mehr vertraue.

Hier sind ein paar Beispiele, bei denen ich einen öffentlichen Dienst durch eine selbstgehostete Lösung verbessert habe – gefolgt von einigen Überraschungen, auf die ich dabei gestoßen bin.

4.1. Kriminelle Hühner

Meine Familie hat ein selbstgebautes Sicherheitssystem für unsere Hühner, und die Videos sind mir wichtig. Früher habe ich sie einfach auf YouTube hochgeladen, weil hey, es ist kostenlos und es „funktioniert einfach", oder?

Außer wenn es das nicht tut. YouTube fand manchmal, dass meine Hühner Spam und/oder Betrug seien.

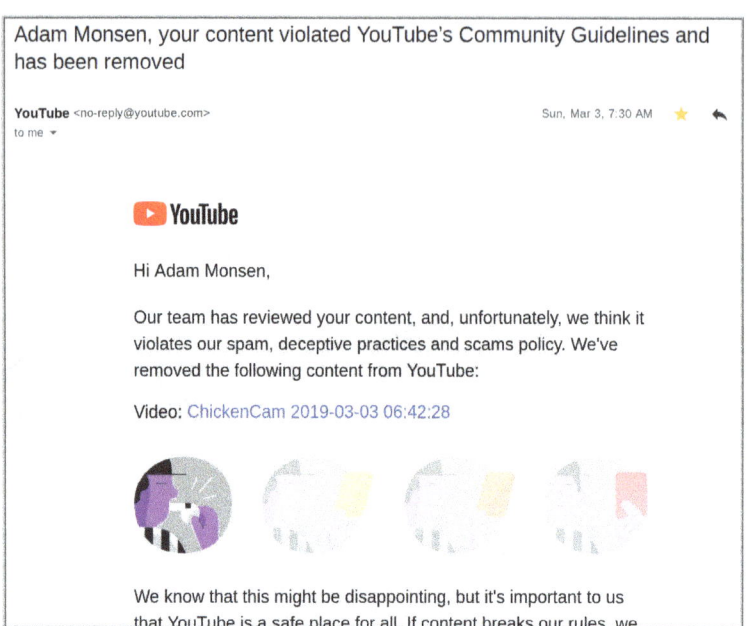

Abbildung 3. Screenshot einer E-Mail vom YouTube-Content-Team, welches mein Video von der Hühnerstall-Kamera entfernt hat.

Nur fürs Protokoll: Unsere Hühner sind *blitzsauber*.

Abbildung 4. Eine absolut rechtschaffene, fleißige, gesetzestreue Henne.

Als ich meine persönliche Cloud eingerichtet hatte, fühlte ich Freiheit und Leichtigkeit beim Posten und Hosten dieser Videos. Ich musste keine YouTube-Formulare mehr ausfüllen, nur um meine Hühner im Blick behalten zu können. Ich kann deren Prüfung und die fälschliche Behauptung eines Richtlinienverstoßes nun getrost ignorieren.

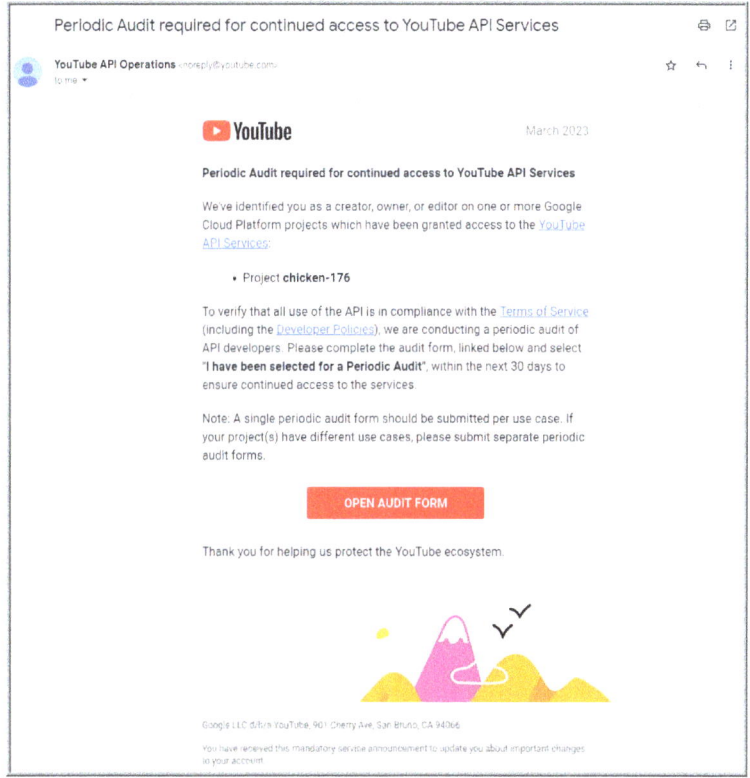

Abbildung 5. Screenshot einer YouTube-Rechtsprüfung für meinen alten API-Client.

Ich muss auch nicht mehr mit der YouTube-API (Application Programming Interface) arbeiten, einschließlich der Registrierung eines API-Clients und der Durchführung regelmäßiger Prüfungen. Nachdem ich Nextcloud eingerichtet hatte, habe ich meinen YouTube-API-Client zum Hochladen von Videos gelöscht, meinen Code bereinigt und die Wartung vereinfacht. Es stellt sich heraus, dass die Nextcloud Talk API sowieso einfacher ist, um Fotos und Videos von meinem Hühnerstall zu posten.

Mit meiner eigenen Cloud kann ich auch Quoten und Geschwindigkeitsbegrenzungen nach Belieben anpassen. Volle Fahrt voraus!

4.2. Fotosuche nach Standort

Hier ist noch ein Beispiel, das für eine persönliche Cloud spricht. Dieses hat funktioniert, weil ich es gewohnt bin, Standort-Metadaten in meinen selbstgehosteten Fotos zu speichern.

Vor einiger Zeit wollte ich bestimmte Fotos aus einem Haufen von Tausenden finden, die mehrere Terabyte Speicherplatz belegten. Ich wusste, wo ich war, als ich die Fotos gemacht habe (auf etwa 10 Meilen genau), aber ich konnte mich nicht erinnern, wann sie aufgenommen wurden.

Meine Fotos sind einfach eine Sammlung von JPEG-Dateien. Ich habe sie mit einem kleinen Python-Programm untersucht, das ich selbst geschrieben habe. Ich suchte nach allen Fotos, die im Umkreis von 10 Meilen um den Punkt aufgenommen wurden, den ich kannte. Der Schlüssel war, direkt und schnell auf die Daten zugreifen zu können.

Das ist nur ein (wahrscheinlich bald veraltetes) Beispiel. Wenn du das hier liest, kannst du deine Fotos vielleicht schon mit einem Satz wie „Zeig mir alle Fotos, die im Umkreis von 10 Meilen um Mexiko-Stadt aufgenommen wurden" abfragen – und es funktioniert einfach.

Dann kannst du dich der Rettung der Welt widmen. Stell nur sicher, dass du deine Daten hast!

4.3. Überraschungen

Falls du dich entscheidest, weiterzumachen: gute Reise, Reisende*r. Das hier macht wirklich Spaß.

Du wirst vielleicht überrascht sein, wie schnell und einfach manche Dinge beim Self-Hosting funktionieren. Ich würde zu gern erfahren, wie es bei dir läuft.

Du wirst vielleicht aber auch überrascht sein, wie zeitaufwendig und schwierig manche Dinge sein können. Vielleicht hängst du an der Hardware fest (und deren Stromversorgung, Verkabelung, Kühlung, Ausfällen). Vielleicht am Netzwerk. Vielleicht am Change Management (deine Nutzer*innen davon zu überzeugen, Nextcloud statt Dropbox zu verwenden).

Hier sind einige Dinge, die mich überrascht haben – im Positiven wie im Negativen.

4.3.1. Gute Überraschungen

Hardware war gar nicht so schwierig

Mit Hilfe eines Freundes (danke, Rob!) habe ich einen zuverlässigen und billigen, generalüberholten Server gekauft. Ich dachte, ich müsste an Kabeln, Karten und CMOS-Batterien herumbasteln. Aber nein! Ich habe das Gehäuse geöffnet, um einen Blick ins Innere zu werfen. Ich konnte bestätigen: ganz normale Server-Innereien – oder zumindest nah genug dran. Die CPUs und RAM-Riegel waren wie angekündigt vorhanden.

Ich habe ihn eingesteckt – und er hat funktioniert.

Abbildung 6. Blick ins Innere des Servers mit zwei leeren PCI-E-Steckplätzen.

Container == happy

Ich war angenehm überrascht von Containers (erklärt in Abschnitt 6.5, "Contained services"), insbesondere nach meinen gemischten früheren

Erfahrungen mit VMs. VMs sind anfangs einfach, weil sie sich wie echte Hardware verhalten. Linux in eine VM zu installieren ist genauso einfach wie auf Bare Metal (manchmal sogar einfacher). Dann kann man einen oder mehrere Dienste in der VM einrichten. Der eigentliche Haken liegt in der Wartung: Das Pflegen einer VM kann genauso aufwendig sein wie die Wartung eines Bare-Metal-Servers.

Container verfolgen einen anderen Ansatz und simulieren deutlich weniger von einem Bare-Metal-Server. Sie sind im Vergleich zu VMs schneller und ressourcenschonender, was eine höhere, konfliktfreie Dichte von Diensten ermöglicht. Das heißt: Du kannst mehr Dienste pro Server betreiben, ohne dass sie sich gegenseitig stören (z.B. weil sie unterschiedliche Versionen von PHP benötigen). Ein Container enthält in der Regel genau einen Dienst.

Die Isolierung von Containern ist im Vergleich zu VMs begrenzt. Zum Beispiel wird der Kernel (der Teil des Betriebssystems, der direkt mit der zugrunde liegenden Hardware kommuniziert) gemeinsam genutzt. Diese begrenzte Isolierung hält jedoch die Ressourcen- und Wartungskosten bei containerbasierter Isolierung deutlich niedriger als bei VMs.

Container eignen sich hervorragend für eine konsistente und stabile persönliche Cloud. Sie lassen sich leicht deklarieren (im Code), bauen, bereitstellen, testen und reproduzieren. Container können auch zusammen mit VMs verwendet werden: Du könntest zum Beispiel eine VM als Server nutzen, anstelle von Bare Metal.

Ich habe mich für Docker zur Verwaltung von Containern entschieden, weil es weit verbreitet ist und ich Erfahrung damit habe. Dein Server wird dabei auch als Host bezeichnet, da er die Docker-Container hostet.

Ein Nachteil von Docker ist, dass in Beispielcode und öffentlichen Images oft Root-Zugriff vorausgesetzt wird. Das Ausführen als `root` vereinfacht Container zwar, macht sie aber auch unsicherer.

Papierlos mit OCR

Eine weitere fortschrittliche Entwicklung, die ein Lächeln wert ist, ist kostenlose OCR (optical character recognition). Ich versuche immer wieder, „papierlos zu werden", indem ich all meine Papierdokumente einscanne. Nach dem Scannen bleibe ich – wenig überraschend – mit einem Haufen PDF-Dateien voller Bilder zurück. Diese lassen sich ganz einfach mit Tools wie Paperless-ngx [https://docs.paperless-ngx.com/] und Nextcloud Full text search [https://apps.nextcloud.com/apps/fulltextsearch] per OCR verarbeiten und verwalten.

Jellyfin funktioniert gut

Jellyfin ist ein persönlicher Streaming-Medienserver. Ich war begeistert zu sehen, wie Jellyfin sich als ausgezeichnete und vollständige FOSS-Alternative zu Plex herausgestellt hat.

4.3.2. Schlechte Überraschungen

Traefik-Lernkurve

Der Traefik-Reverse-Proxy war überraschend herausfordernd einzurichten, da meine Netzwerkgrundlagen etwas eingerostet waren. Ich habe ihn nun zuverlässig zum Laufen gebracht, muss aber mein grundlegendes Netzwerkwissen weiterhin verbessern. Siehe Abschnitt 6.6, "Reverse-Proxy" für mehr Informationen über Traefik.

Nextcloud Bugs

Ich war frustriert über einige Probleme in Nextcloud. Diese fühlten sich besonders dringend an, da ich stark darauf angewiesen bin.
 Der Community-Support ist mal gut, mal weniger gut. Nextcloud scheint außerhalb der USA populärer zu sein.
 Nicht alle Nextcloud-Apps sind schon ausgereift. Mehr unter Abschnitt 10.8.7, "Anpassung".

Jitsi and Ports

Jitsi ist eine selbstgehostete FOSS-Videokonferenzplattform. Ich habe aufgegeben, Jitsi in Docker zum Laufen zu bringen. Ich erinnere mich, dass viele offene Ports oder Portbereiche ein Problem waren. Dieser

Dienst könnte leichter in einer virtuellen Maschine selbst gehostet werden.

Es gibt auch eine Umgehungslösung, bei der Portbereiche bestimmten IP-Adressen zugewiesen werden, aber das geht über den Umfang dieses Buches hinaus. Ich werde es irgendwann nochmal versuchen, weil logging in is now required when using the free 8x8-hosted Jitsi service [https://jitsi.org/blog/authentication-on-meet-jit-si/].

4.3.3. Nimm sie alle auf

Wenn es um Überraschungen geht, versuche die schlechten zu verkraften, wenn sie deine Nutzer betreffen. Im Idealfall *bevor* sie deine Nutzer betreffen, durch Recherche, Planung und Tests, die du wahrscheinlich schon machst.

Nutze selbst, was du selbst hostest.

Gib dein Bestes, um alles attraktiv und nützlich zu gestalten, und warte dann ab. Sei geduldig. Versuche niemals, Menschen zu zwingen, das zu nutzen, was du selbst hostest.

Ich hoffe, dieses Buch inspiriert dich mit vielen positiven Überraschungen und hilft dir und deinen Nutzern, viele negative zu vermeiden.

Kapitel 5. Planung

Wir werden jetzt kurz die wichtigsten Punkte eines Selbsthosting-Plans durchgehen. Ich liebe diesen Teil! Ich freue mich auf das, was kommt, und ich weiß, dass ein solider Plan eine Vision Wirklichkeit werden lässt.

Mach *deinen* Plan. Pflege und verbessere deinen Plan gemeinsam mit deinem Server. Teile den Plan mit anderen Administrator*innen.

Ja, anderen Administrator*innen. Du brauchst jemanden, der dich vertreten kann, wenn du nicht verfügbar bist, oder eine glasklare Erwartung, dass der Server mit dir stirbt.

5.1. Budget

Berücksichtige die Zeit und die Kosten des Selbsthostings – für dich selbst *und deine Nutzer*innen*. Wie viel hast du zur Verfügung und wie viel möchtest du ausgeben? Schreib eine Zahl auf und halte dich daran.

5.2. Ressourcen

Skizziere deine Gedanken zu den Ressourcen, die du benötigen wirst. Einige Ideen:

Rechenleistung und Speicher

Hauptprozessor und RAM sind die grundlegenden Ressourcen, die für die Berechnung notwendig sind. Siehe Abschnitt 7.1.2, "Dienste Ressourcen zuordnen" für Ideen, wie du Anforderungen basierend auf den Diensten, die du hosten wirst, abschätzen kannst. Grafikprozessor-Arbeitslasten werden in diesem Buch nicht behandelt, obwohl Kapitel 10, *Wie geht's weiter?* und Kapitel 13, *Übungen* einige Dinge ansprechen, die du selbst ausprobieren kannst.

Datenspeicher

Schätze, wie viel Speicherplatz du benötigen wirst. Mit jedem Sprung in der Einheit (zum Beispiel von GB (Gigabyte) zu TB (Terabyte)) steigt die Komplexität und die Kosten deutlich an. Dieses Buch ist für Datenspeicher bis etwa 10 TB geeignet. Siehe Abschnitt 7.2.4, "Festplattenlaufwerke" für Tipps, wie du beim Speicher durch Self-Hosting Geld sparen kannst.

Strom

Überprüfe deine Stromrechnung auf die Kosten pro kWh und mache einige Berechnungen. Siehe Abschnitt 7.2.1, "Server" für ein Beispiel, wie viel Strom ein leistungsfähiger Server verbraucht.

Support

Wer hilft dir, wenn du mal nicht weiterkommst? Abschnitt 11.1, "Support" bietet einige Ideen.

Physischer Standort

Wo soll der Server stehen? Musst du neue Leitungen für Strom oder Netzwerk verlegen? Abschnitt 7.2.5, "Networking" beschreibt meine Heiminstallation.

5.3. Zeitlicher Ablauf

Skizziere grob wichtige Termine, damit du und deine Nutzer vorausplanen können. Zum Beispiel:

28. April

Brainstorming, Planung.

30. April

Hardware bestellen.

3. Mai

Ethernet-Kabel vom Router in die Garage verlegen.

5. Mai

Server einrichten: Festplatten einbauen, einschalten, Betriebssystem installieren, Dienste starten.

9. Juni

Ergebnis im Vergleich zu den ursprünglichen Zielen überprüfen.

Lade andere ein, mitzumachen, idealerweise schon zu Beginn beim Brainstorming und der Planung. Das ist eine großartige Gelegenheit, weitere Personen einzubeziehen, die bei der Betreuung des Servers helfen können.

5.4. Umstellung

Deine Nutzer*innen haben ihre Daten bereits an einem anderen Ort. Überlege, wie du ihnen helfen kannst, ihre Daten auf den Server zu migrieren.

Der Schlüssel dazu ist ausgezeichnete Kommunikation. Nehme dies in deinen Plan auf und hole dir Zustimmung ein, da Migrationskosten bei jeder Umstellung garantiert sind.

 Um mehr darüber zu erfahren, wie man Nutzer*innen sanft zwischen Systemen überführt, beschäftige dich mit dem Thema *Change Management*.

5.5. Sysadmin Mindset

Der Server existiert für die Nutzer. Es ist wichtig, die richtige

Einstellung zu haben, um eine hervorragende Nutzererfahrung bieten zu können.

Stelle sicher, dass deine selbstgehosteten Dienste gut für deine Nutzer funktionieren. Bitte sie regelmäßig um Feedback und nimm es ernst. Unterscheide sorgfältig zwischen ihren *Wünschen* und ihren *Bedürfnissen*.

Übersetze das Wort „Nutzer" je nach Kontext passend. Vielleicht: „die dir am meisten am Herzen liegen, die du über alle anderen hinweg am meisten schätzt, diejenigen, die dir Sinn und Zweck geben." Ja, das ist etwas übertrieben. Du verstehst den Punkt: Wir müssen aufmerksam sein, was die Nutzer erleben, sonst wird es für alle frustrierend.

Ideal ist es, wenn du deine Nutzer bereits im echten Leben kennst. Bleibe auch im echten Leben mit ihnen in Verbindung, um sie online besser unterstützen zu können.

Kapitel 6. System Design

Tauchen wir ein in die Gestaltung eines *Steadfast* Systems.

6.1. Dienst-Stack

Ein *Steadfast* System lässt sich gut als vereinfachter Stapel farbiger Kästchen darstellen. Die vertikale Anordnung dieses Stacks richtet sich danach, wo und wie häufig eine Systemadministratorin wahrscheinlich auf dieser Ebene agieren oder bei Support- oder Fehlersuche eingreifen wird (am häufigsten oben), sowie danach, wie stark die jeweilige Ebene vom Bare Metal abstrahiert ist (am wenigsten unten).

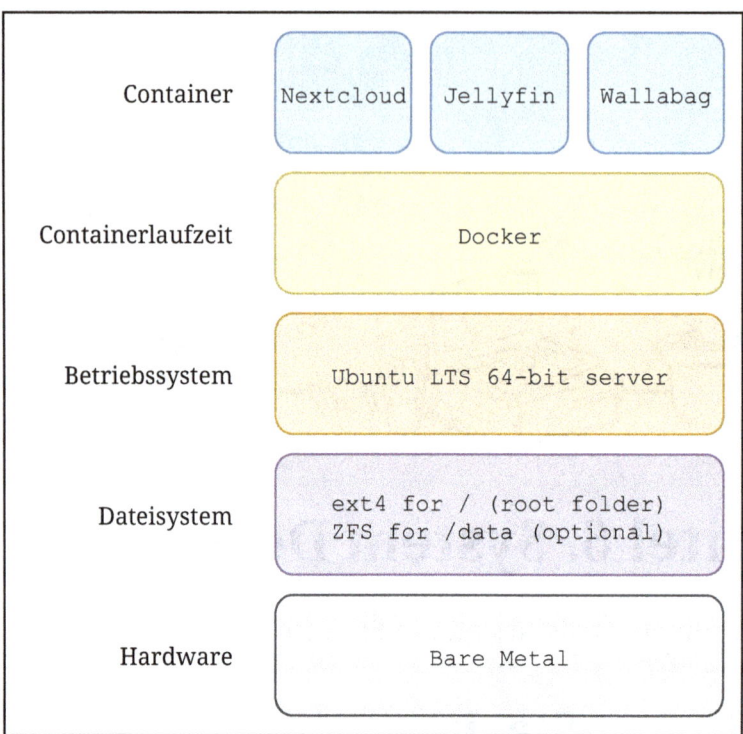

Abbildung 7. Schichten eines Steadfast systems. Von unten, Hardware: Bare Metal, Dateisystem: ext4 for / and optionally ZFS for /data, Betriebssystem: Ubuntu LTS 64-bit server, Containerlaufzeit: Docker, Container: Nextcloud Dateifreigabe, Jellyfin Medienserver, Wallabag Artikelleser.

Am häufigsten arbeite ich in den oberen Schichten – zum Beispiel beim Hinzufügen oder Aktualisieren eines Containers. Seltener aktualisiere ich Betriebssystempakete. Noch seltener sehe ich mir Versionen einer Konfigurationsdatei an, die auf der Festplatte gespeichert sind – dank automatischer Momentaufnahme von ZFS. Und schließlich, wenn mein Server ausfällt, befinde ich mich ganz unten im Stack: Ich repariere oder ersetze die Hardware. Hier findest du die entsprechenden Abschnitte mit Details zu jeder Ebene:

- Container:
    - Abschnitt 9.1, "Nextcloud: Dateisynchronisation und -Freigabe"
    - Abschnitt 9.2, "Jellyfin: Audio- und Videostreaming"
    - Abschnitt 9.3, "Wallabag: Artikel speichern und lesen"

- Containerlaufzeit:
    - Abschnitt 4.3.1.2, "Container == happy"
    - Abschnitt 6.5, "Contained services"
- Betriebssystem: Abschnitt 6.4, "Betriebssystem"
- Dateisystem: Abschnitt 6.3, "Dateisystem"
- Hardware: Abschnitt 7.2.1, "Server"

Es gibt außerdem zwei Dienste in Containern, die später behandelt werden und *nicht* im Diagramm dargestellt sind:

- Abschnitt 9.4, "Watchtower: Dienst-Updates"
- Abschnitt 9.5, "Scratch: visuelle Programmierung"

6.2. Digitale Sicherheit

Lass uns die grundlegenden Werkzeuge kennenlernen, um deinen Server zu verstehen und abzusichern.

6.2.1. Categoriziere deine Daten

Zuerst solltest du deine Daten betrachten. Es hilft, sie in zwei gängige Kategorien aufzuteilen:

Sensible Daten

Beispiele: Passwörter, Kreditkartennummern, staatliche Ausweisnummern. Empfehlungen:

1. Wenn möglich, nur offline speichern.
2. Falls jemals auf einem Computer gespeichert, dann verschlüsselt.
3. Einfache Lösung: in einem Passwortmanager speichern.

Alles Andere

Beispiele: Notizen, Fotos, Dokumente, persönliche Informationen. Empfehlungen:

1. Auf verschlüsselten Medien speichern, einschließlich Backups.
2. Nur mit aktueller, vertrauenswürdiger Software darauf zugreifen.
3. WAN-Zugriff (Wide Area Network) auf diese Daten untersagen.

6.2.2. WAN-Zugriff

Sobald du deine Daten kategorisiert hast, überlege dir, wie Menschen darauf zugreifen werden. Zuhause kannst du im Allgemeinen direkt auf deinen Server zugreifen. Wenn du jedoch unterwegs bist oder Daten mit jemand anderem teilen möchtest, geht es um WAN-Zugriff (Wide Area Network).

WAN-Zugriff ist – informell gesagt – der Fernzugriff auf Dienste und Daten, die in deinem lokalen Netzwerk (LAN) laufen. Eine Möglichkeit, WAN-Zugriff auf einen Dienst zu ermöglichen, ist das Weiterleiten von HTTPS-Verkehr (Portweiterleitung) über deinen Router oder deine Firewall. Portweiterleitung ohne zusätzliche Sicherheitsmaßnahmen ist zugleich riskant und bequem.

 Ziehe Alternativen zur Portweiterleitung in Betracht, wie etwa die Verwendung einer VPN.

6.2.3. Bedrohungsmodell

Gehen wir einen Schritt zurück und sprechen über Bedrohungsmodellierung. Dein Bedrohungsmodell beschreibt, wie du Bedrohungen für deine Daten einschätzt und wie du ihnen entgegenwirken willst. Mit einem klaren Bedrohungsmodell kannst du fundierte Entscheidungen treffen – zum Beispiel darüber, ob du den WAN-Zugriff auf deinen Server erlauben solltest oder nicht.

Wenn du bereits weißt, dass du ein wertvolles Ziel bist (z.B. öffentliche Person, hohes Vermögen, Kriegsberichterstatter*in oder verantwortlich für einen Server mit Informationen über viele Menschen), dann gilt: Mach dich auf eine längere Reise gefasst. Dieses Buch allein reicht nicht aus, um deinem Bedrohungsmodell gerecht zu werden.

Lass uns ein einfaches Beispiel für ein Bedrohungsmodell für die Datenklasse „alles andere" erstellen. Überlege dir dabei folgende Punkte:

Anlagen

Daten, die du schützen möchtest.

Akteure / Bedrohungen / Angriffsvektoren

Menschen und Bots, die in böser Absicht handeln – sowie deren Angriffsmethoden. Auch unbeabsichtigte Fehler und Software-Bugs zählen dazu.

Gegenmaßnahmen

Maßnahmen zur Risikominimierung, damit Angriffe weniger wahrscheinlich sind oder weniger Schaden anrichten.

Füg das alles zusammen, und du erhältst mein absolut marketingfreundliches Akronym für ein Bedrohungsmodell: **A.A/B/A.G.** (jede Zeichensetzung wird mitgesprochen). Geht einem wirklich leicht über die Lippen!

6.2.4. Beispiel: WAN-Zugriff

Teste WAN-Zugriff mit diesem Bedrohungsmodell.

Anlagen

Dateien mit persönlichen Informationen, die in einem veralteten Dienst gespeichert sind (z.B. eine alte, verwundbare Version von Nextcloud).

Akteure / Bedrohungen / Angriffsvektoren

Ein Bot durchsucht Websites und findet eine URL zu einem Dienst in einem öffentlich zugänglichen Mailinglisten-Archiv. Der Bot versucht automatisch, eine bekannte Schwachstelle im Dienst auszunutzen. Der Angriff gelingt, und der Bot-Betreiber erhält Zugriff auf Rechenressourcen und persönliche Informationen.

Gegenmaßnahmen

Halte den Dienst aktuell. Sichere die WAN-Grenze: überwache die Verkehrsdaten, setze ein Einbruchsschutzsystem ein, und lasse den Zugriff ins LAN nur über ein VPN (Virtual Private Network) zu. Schließe die WAN-Grenze: erlaube keinen eingehenden WAN-Zugriff.

Solltest du dich entscheiden, einen Dienst öffentlich zugänglich zu machen, helfen diese Maßnahmen, ihn zu sichern. „Öffentliche Mailinglisten vermeiden" ist nicht als Maßnahme aufgeführt, da es nur die URL zum veralteten Dienst verschleiert und man sich nicht auf „Sicherheit durch Verschleierung" verlassen sollte.

 Die Absicherung auf mehreren Ebenen (Betriebssystem-Firewall, Dienst, WAN-Grenze) zeigt das Prinzip der „Verteidigung in der Tiefe" („defense in depth"), eine gängige und sinnvolle Sicherheitsstrategie.

6.2.5. VPN

Ein VPN kann deine WAN-Grenze absichern, indem es nur authentifizierte Nutzer*innen zulässt und eine Verschlüsselungsschicht hinzufügt. So kannst du dich sicher in dein LAN „teleportieren", während du remote bist.

Wenn alle deine Nutzer ein VPN verwenden können, kannst du die Ports für HTTP/S-Verkehr geschlossen halten und stattdessen nur VPN-Verkehr erlauben. Vorausgesetzt, dein VPN-Server ist gut konfiguriert und aktuell, ist dies eine hervorragende Möglichkeit, deine

Angriffsfläche zu reduzieren.

Die VPN-Technologie erhielt ein großes Upgrade durch Wireguard [https://www.wireguard.com]. Aus Nutzersicht gibt es keinen schweren Login-Prozess mehr, wie bei älteren VPNs. Wireguard ist schnell, einfach und sicher.

6.2.6. Vollständige Festplattenverschlüsselung

Das Verschlüsseln verhindert, dass ein Angreifer Daten wiederherstellen kann. Beim Hochfahren musst du allerdings ein Passwort eingeben. Das ist unpraktisch, wenn es zu Stromausfällen kommt und/oder keine Fernverwaltung möglich ist. Außerdem wird zu Recht argumentiert, dass Vollplattenverschlüsselung für einen ständig eingeschalteten Server wenig bringt: Im Normalbetrieb hast du den Entschlüsselungsschlüssel ja bereits eingegeben.

Wenn du dich für Vollplattenverschlüsselung entscheidest, wähle sie während der Abschnitt 7.3, "OS-Installation" aus. Sieh dir die vorherigen Abschnitte dieses Kapitels an, falls du bei der Entscheidung Unterstützung möchtest.

6.2.7. Mehr Tips

Self-hoster Sicherheitstips

- Pflege nützliche, verschlüsselte Backups. Führe Test-Wiederherstellungen durch, um deren Nützlichkeit zu bestätigen. Siehe Abschnitt 7.4.4, "Backups".
- Vermeide es, Befehle als root-Benutzer auszuführen.
- Nutze Multi-Faktor-Authentifizierung.
- Setze Firewalls ein.
- Verwende starke Passwörter.
- Sei sehr vorsichtig bei der Portweiterleitung oder lasse es am besten ganz weg.

- Sei wachsam bei all den üblichen Dingen: Phishing, Malware, SMS-Spoofing und Social-Engineering-Angriffen.
    - Sei vorsichtig mit Links und Anhängen in E-Mails.
    - Installiere keine nicht vertrauenswürdige Software. Always use HTTPS.
    - Nutze bei deinem Mobilfunkanbieter eine spezielle Passphrase als zusätzliche Authentifizierungsebene.
    - Hinterfrage Dringlichkeit und verdächtige Anfragen kritisch.
- Leite unbekannte Anrufe auf die Mailbox um.
- Achte auf Datenpannen und schütze deine Identität.
    - Sperre deine Kreditinformationen nach einem Datenleak.
- Informiere dich über Kompartimentierung (Isolation) und das Prinzip der geringsten Privilegien.

Zusätzliche Lektüre:

- Personal Cybersecurity: How to Avoid and Recover from Cybercrime [https://oreilly.com/library/view/personal-cybersecurity-how/9781484224304/] by Marvin Waschke
- Personal Privacy Threat Modeling (With LOTS Of Examples) [https://modernprivatelife.com/how-to-choose-privacy-threat-model/] by Eliza
- How I learned to stop worrying (mostly) and love my threat model [https://arstechnica.com/information-technology/2017/07/how-i-learned-to-stop-worrying-mostly-and-love-my-threat-model/] by Sean Gallagher

6.3. Dateisystem

Ich empfehle (und werde demonstrieren), mit einem einzigen ext4-Dateisystem zu beginnen und optional einem ZFS-Dateisystem. ext4 ist das stabile, einfache und standardmäßige Dateisystem für Ubuntu. ZFS (ursprünglich: Zettabyte File System) bietet Verschlüsselung, leichte Momentaufnahme und RAID (redundante Anordnung kostengünstiger Festplatten).

Optional kannst du ZFS für den Speicher (`/data`) auf deinem Server verwenden, wie unter Abschnitt 7.3.1, "ZFS Setup" beschrieben. Für die Root-Partition (`/`) empfehle ich stattdessen ext4 zu verwenden, um:

- So nah wie möglich an der Standard-Ubuntu-Installation bleiben
- Docker-Dateisystem-Müll vermeiden
  - Wenn `/var/lib/docker` auf ZFS liegt, werden viele Docker-bezogene Dateisysteme erstellt, die die Ausgabe von `zfs list` etwas unübersichtlich machen
- ZFS-Momentaufnahme des Betriebssystems vermeiden, da
  - wir sie nicht brauchen
  - das Betriebssystem außerhalb der ZFS-Verzeichnisse liegt
  - wir das Betriebssystem nicht verändern werden – Änderungen werden upstream verwaltet (z.B. bei Paketupdates oder über mario)

Docker-Volumes (nachhaltige Container-Daten) werden auf ZFS gespeichert. Das Dateisystem des Container – also alles außer den befestigten Volumes mit nachhaltigen Daten – ist flüchtig (ephemeral) und liegt auf ext4 unter `/var/lib/docker`. Um mehr über ZFS zu erfahren, siehe:

- Bitrot and atomic COWs: Inside „next-gen" filesystems [https://arstechnica.com/information-technology/2014/01/bitrot-and-atomic-cows-inside-next-gen-filesystems/] by Jim Salter
- ZFS 101—Understanding ZFS storage and performance [https://arstechnica.com/information-technology/2020/05/zfs-101-understanding-zfs-storage-and-performance/] by Jim Salter
- ZFS (Debian wiki page) [https://wiki.debian.org/ZFS] by various authors

Weitere ZFS-Konzepte, die es sich zu lernen lohnt: Fragmentierung, ARC (Adaptive Replacement Cache), Resilvering, Scrubbing, `ashift` und `recordsize`.

6.4. Betriebssystem

Linux ist eine beliebte und vernünftige Wahl für Self-Hosting. Ich empfehle einen 64-Bit-Ubuntu-Linux-Server mit mindestens 2 GB Arbeitsspeicher und 30 GB Speicherplatz. Ubuntu LTS-Versionen sind am stabilsten, und ich empfehle genau diese. Steadfast bezieht sich speziell auf 24.04, die LTS-Version von April 2024. Version 24.04 ist heute stabil und wird bis April 2034 Updates [https://ubuntu.com/about/release-cycle] erhalten, was viele weitere Jahre Stabilität verspricht, bevor Steadfast überarbeitet werden muss. Die Installation des Betriebssystems ist im Allgemeinen schnell und schmerzlos, siehe Abschnitt 7.3, "OS-Installation".

6.4.1. Personalisierung

Es ist gute Praxis, Anpassungen am Betriebssystem möglichst gering zu halten und sorgfältig zu dokumentieren, wenn man von einer Standardinstallation ausgeht. Das erleichtert die Wartung, einschließlich eventueller Neuinstallationen. Nicht ständig am Server herumzubasteln erfordert Disziplin, besonders für altgediente, hands-on Systemadministratoren wie mich.

Versuche, es zu vermeiden, dich per SSH direkt auf den Server einzuloggen und dort Einzeländerungen vorzunehmen. Du wirst lernen, stattdessen die Konfigurationsdateien von mario zu bearbeiten und den Server neu bereitzustellen (siehe Kapitel 8, mario).

Natürlich kannst und solltest du dich weiterhin per SSH auf den Server verbinden, aber versuche dann, nur Lesezugriffe oder nur ausnahmsweise Schreibzugriffe auszuführen. Ich mache oft erst etwas manuell, mache es rückgängig und erledige dann denselben Schritt mit mario, um sicherzustellen, dass das Ergebnis wie erwartet ist.

Beispiele für serverseitige Leseoperationen:

- Ressourcenverbrauch pro Container anzeigen: `sudo docker stats`
- Container-Logmeldungen verfolgen (ausführen im Verzeichnis mit einer `compose.yml`-Datei): `sudo docker compose logs -f`
- Server-Gesundheit prüfen: `date; tail /proc/pressure/*`

Beispiele für serverseitige Schreiboperationen:

- Betriebssystem-Pakete aktualisieren: `sudo apt full-upgrade`
- Berechtigungen für einen Ordner ändern: `chmod 0700 ~/bin/`

Beginne mit einer Checkliste für die „monatliche Wartung", wie sie in Abschnitt 7.4, "Serverwartung" zu finden ist. Nimm diese schreibenden (read-write) Operationen in deine Checkliste auf. Führe schreibende Operationen nach Möglichkeit mit mario durch.

Verwende stets `sudo`, um privilegierte Befehle auszuführen, anstatt dich direkt als `root` anzumelden. So wird jeder Befehl zusammen mit Zeitpunkt und ausführender Person in `/var/log/auth.log` protokolliert.

Upgrades können automatisiert werden. Das ist sinnvoll, sobald man eine gewisse Skalierung erreicht hat – vorausgesetzt, man hat Vertrauen in und Kontrolle über die Quelle der Updates. Ich persönlich führe Betriebssystem-Upgrades meist manuell durch, da ich nur wenige Systeme betreue. Der Aufwand ist dadurch gering und selten, und das Aktualisieren eines Pakets kann Tests oder manuelle Eingriffe (z.B. einen Neustart) erfordern. Aus ähnlichen Gründen installiere ich auch das Betriebssystem selbst von Hand.

Mein Betriebssystem ist eher ein Haustier als ein Nutztier (siehe „cattle vs. pets" im Wörterverzeichnis). Vielleicht ist es sogar ein Haustier-Phönix: Wenn es stirbt, lässt es sich relativ leicht aus der Asche wiederbeleben. Es wird regelmäßig gesichert, es gibt nur wenige manuelle Schritte – und alle manuellen Schritte sind sorgfältig dokumentiert.

6.5. Contained services

mario nutzt Docker um Dienste in Containern zu betreiben. Docker ist bur eine von vielen Wegen um Dienste isoliert zu betreiben. VMs werden auch oftmals fur diese Zwecke genutzt. Siehe Abschnitt 4.3.1.2, "Container == happy" fur einen Vergleich dieser zwei Optionen. Falls du weiteres Interesse VMs hast (als Alternative oder im Zusammenhang mit Containern), schaue bei Proxmox [https://proxmox.com] vorbei.

Kubernetes funktionieren auch gut um Dienste zu betreiben. Probiere Kubernetes aus (vorallem eine der interessanten Micro-Versionen) falls du vertrauter oder interessierter an dieser Version bist. Ich persoenlich fand es zu viel. Falls ich aber hohe Verfügbarkeit fur Clustering benötigte wurde ich eher Kubernetes nutzen. Falls einer der Computer des Kubernetes Cluster defekt ist können Dienste automatisch auf intakte Hardware im Cluster übertreten. Unabhängig von deiner Wahl solltest du mit deinen Nutzern klare Erwartungen darüber setzten, wie lange dein Server im Falle eines Defektes eventuell ausfallen kann.

Docker schafft eine gute Balance zwischen Eigenschaften und Benutzerfreundlichkeit, weshalb es einfach ist einen Deinst in Isolation zu betreiben. Docker Compose Docker Compose erweitert Docker um die Fähigkeit, Gruppen von Prozessen zu definieren und auszuführen, die zusammen einen vollständigen Dienst bereitstellen (z.B. einen Webserver und dessen Datenbank). Kubernetes kann das auch – und noch viel mehr, das du *nicht* lernen musst, solange du *kein* virtuelles Rechenzentrum aufbauen willst. Für ein einzelnes Serversystem ist Docker Compose meist die passendere Wahl.

Es ist außerdem ratsam, Dienste und deren Abhängigkeiten *nicht* mit allem anderen auf dem primären Speicher des Servers zu vermischen. Anfangs erscheint es einfach, alles auf einem einzigen Dateisystem zu betreiben – besonders, wenn es nur einen Dienst gibt. Doch je mehr Dienste hinzukommen, desto komplizierter wird es. Doch je mehr Dienste hinzukommen, desto komplizierter wird es [https://en.wikipedia.org/wiki/Dependency_hell].

Viele der verzweifelten Supportanfragen von Self-Hostern, die ich in FOSS-Communities sehe, betreffen Inkompatibilitäten zwischen bestimmten PHP-Versionen oder relationalen Datenbankversionen, die von zwei verschiedenen Diensten benötigt werden. Docker mildert dieses Problem, indem es Abhängigkeiten bündelt. Jedes Docker-Image ist im Grunde ein vollständiges Dateisystem (ohne Kernel), sodass ein Service-Image immer die passende PHP-Version enthält. Ein anderes Image wird bei Bedarf für die Datenbank verwendet.

Es lohnt sich, einen Moment bei den gebündelten Abhängigkeiten zu verweilen. Wenn Abhängigkeiten Kleidung wären, dann ist ein Docker Container ein robuster und billiger Koffer mit allem, was man für eine Woche Reise braucht. Man gibt seinen Koffer ab, steigt in den Zug und kann beruhigt sein, dass der Koffer ordentlich und getrennt neben den anderen verstaut ist. Docker-Container sind Koffer – während die alte Herangehensweise einem riesigen Wäschehaufen im letzten Waggon entspricht, in dem alle ihre ungefaltete Kleidung einfach hineingeworfen haben.

Container werden aus Images erstellt. Ein Image ist der Bauplan, mit dem sich ein neuer Koffer (Container) wie durch Magie erschaffen lässt – fix und fertig gepackt mit der passenden Kleidung für deine Reise. Ein Image wird einmal erstellt, mit einer eindeutigen Kennung versehen und weitergegeben. Es dient dann als Grundlage für unzählige Container, die sich zuverlässig gleich verhalten.

Images werden über eine Datei namens `Dockerfile` definiert. Die `Dockerfile` sollte in der Versionskontrolle (z.B. Git) verfolgt werden. Da mario Docker-Compose verwendet, ist eine weitere wichtige Datei `compose.yml`. Jeder Dienst hat seine eigene `compose.yml` Datei, die ebenfalls unter Versionskontrolle stehen sollte. Für Systemadministratoren bieten diese Konventionen reproduzierbare Images und Container. Für Nutzer*innen bedeutet das: verlässliche, vorhersehbare Dienste.

Übe den Umgang mit Containern als temporäre Objekte. Du gewinnst Vertrauen in dein System, indem du Container regelmäßig erstellst und wieder entfernst – und du wirst die Geschwindigkeit und Einfachheit dieses Vorgehens schätzen lernen. Denke so:

- Kurzlebig
    - Container sind temporär
    - Temporäre Container ermöglichen robuste, reproduzierbare Dienste
- Nutztiere, keine Haustiere
    - Von Hand verwaltete virtuelle Maschinen sind aufwendige Haustiere
    - Entschuldigung an das Nutztier – in diesem Vergleich sind sie entbehrlich
- Zustandslos
    - Permanente Daten müssen explizit definiert und verwaltet werden
- Phönix-Server
    - Ein Begriff von Kornelis Sietsma für Server, die regelmäßig zerstört und neu erschaffen werden

6.6. Reverse-Proxy

Ein Reverse-Proxy sitzt vor den Containern und leitet den Datenverkehr anhand beliebiger Regeln an den richtigen Dienst weiter.

Angenommen, du hast die Domain example.com gekauft und möchtest Nextcloud unter cloud.example.com und Jellyfin unter jellyfin.example.com betreiben.

Dein Server verwendet dann einen Reverse-Proxy und eine einzige IP-Adresse, um den eingehenden Datenverkehr je nach Hostnamen an den jeweiligen Dienst weiterzuleiten.

mario verwendet Traefik als Reverse-Proxy.

6.6.1. Traefik Architektur

Hier ein Überblick darüber, wie Traefik funktioniert und wie es mit Nextcloud und anderen selbstgehosteten Webdiensten zusammenarbeitet:

Wir möchten, dass HTTPS-Anfragen an Port 443, die für cloud.example.com bestimmt sind, beim Nextcloud-Dienst ankommen. Um diesen Vorgang zu verstehen, hilft es, das mitgelieferte Traefik-Architekturdiagramm zu studieren – ebenso wie die Quelltexte von mario.

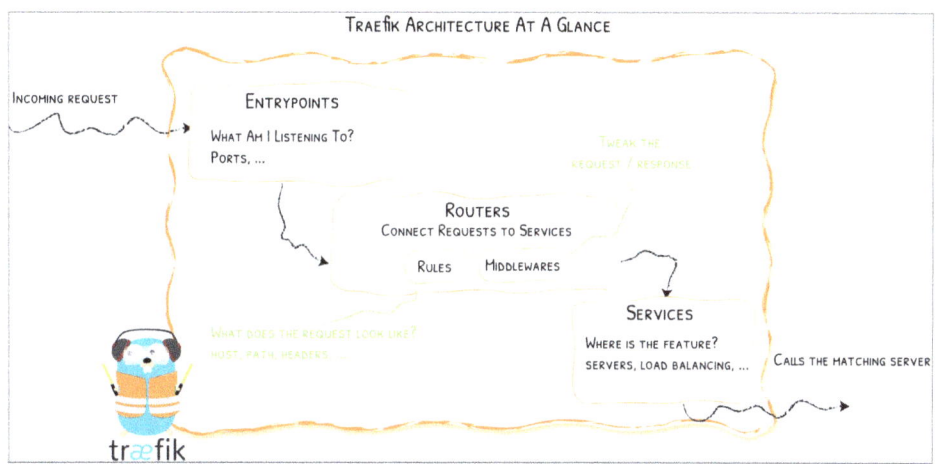

Abbildung 8. Traefik-Architekturdiagramm, das zeigt, wie eine Anfrage einen Dienst erreicht. Aus dem MIT-lizenzierten Quellcode von Traefik. Danke an Peka für das Gopher-Logo, lizenziert unter CC-BY-3.0.

In den mario-Quelltexten (oder in den später gezeigten Codeausschnitten) lohnt sich ein Blick in die `compose.yml`-Dateien für Traefik und Nextcloud, in denen unter anderem Folgendes enthalten ist:

- Der `websecure`-Eintrittspunkt, über den HTTPS-Verkehr auf Port 443 empfangen wird
- Die `app`-Service-Definition für Nextcloud, die Traefik-Routing-Labels enthält
- Die `Host(…)`-Regel im `nc-https`-Router, mit der eingehender Verkehr basierend auf dem Hostnamen weitergeleitet wird

Die Symbole `app`, `websecure` und `nc-https` sind willkürlich gewählt. Ich habe kurze Namen verwendet, damit sie nicht über Zeilen umbrechen. Du kannst stattdessen auch längere, beschreibendere Namen verwenden.

Die Routing-Labels verknüpfen den Entrypoint und den Router mit dem Dienst, unter dem sie definiert sind. Konkret heißt das: `websecure` → `nc-https` → `app`.

Die folgenden beiden Snippets aus dem mario-Quellcode zeigen, wie wir Traefik für Nextcloud einrichten.

Listing 2. Traefik-Konfigurationsausschnitt (🏠 Admincomputer)

```
# from traefik/compose.yml
services:
  reverse-proxy:
    command:
      - --entrypoints.websecure.address=:443  ①
```

① Definiere den Entrypoint `websecure` im Dienst `reverse-proxy`, der Datenverkehr über Port 443 entgegennimmt.

Listing 3. Nextcloud-Konfigurationsausschnitt (🏠 Admincomputer)

```
# from nextcloud/compose.yml
services:
  app:
    labels:
      traefik.http.routers.nc-https.entrypoints: websecure  ①
      traefik.http.routers.nc-https.rule: Host(`cloud.example.com`)  ②
```

① Verbinde den Entrypoint `websecure` mit dem Router `nc-https` im Dienst `app`.

② Verwende die Hostnamen-Regel mit dem Router `nc-https`.

Jeder selbst gehostete Dienst wird über einen eigenen Router verfügen. Auch andere Webdienste verwenden den `websecure`-Zugang.

Die HTTPS-Verschlüsselung wird über weitere Labels am Traefik-Container konfiguriert. Siehe Abschnitt 8.6, "Verschlüsselungszertifikate" für Details.

Kapitel 7. Implementierung

Nun sind wir bereit, die ersten drei Schichten im Abschnitt 6.1, "Dienst-Stack" bereitzustellen: Hardware, Dateisystem und Betriebssystem. Ich beginne damit, Werkzeuge zur Bewertung von Diensten bereitzustellen und fahre dann mit der Installation des Betriebssystems und der Serverwartung fort.

7.1. Dienstplan

Als Dienste bezeichnet man die dauerhaft laufenden Softwareprogramme auf deinem Server. Einige bieten eine Benutzeroberfläche, andere laufen im Hintergrund nach einem Zeitplan. „Webdienste" sind jene, auf die du über einen Webbrowser oder ein anderes Tool, das HTTP verwendet, zugreifen kannst.

7.1.1. Dienstwahl

Beginne damit, deine bisherigen Anforderungen und Pläne zu überprüfen, und nutze das folgende Material, um fundierte Entscheidungen darüber zu treffen, welche Dienste du betreiben möchtest. Du kannst auch direkt zu Abschnitt 7.2, "Hardware vorbereiten" springen, um dem vorgeschlagenen Pfad zu folgen und zunächst die Dienste zu verwenden, die mario standardmäßig installiert. Später kannst du zu diesem Abschnitt zurückkehren, wenn du weitere Dienste hinzufügen möchtest.

Geeignet fürs Self-Hosting

Du wirst feststellen, dass sich manche Dienste deutlich besser fürs Self-Hosting eignen als andere. Die guten Dienste weisen in der Regel zumindest einige der folgenden Merkmale auf:

Merkmale eines guten selbstgehosteten Dienst

- Einfach zu installieren, mit vorhandenen Anleitungen für das Selbst-Hosting
- Kompatibel mit deiner bevorzugten Bereitstellungsmethode (z.B. gut gepflegtes Docker-Image, Anleitungen für Docker Compose und Traefik)
- Aktive Community mit moderierten Chats, Foren, Mailinglisten, News und Meetups
- Aktuelle Entwicklung sichtbar (z.B. neue Releases, Commits, Ankündigungen)
- Nutzung einer FOSS-Lizenz (Freie und Open-Source-Software)
- Transparente Angaben zu Eigentümern und Sponsoren
- Öffentliche Roadmap, Issue-Tracking, Continuous Integration, öffentliches Demo, Build-Skripte, Bug-/Security-Bounties
- Bei Problemen lassen sich über Websuche leicht Informationen finden (z.B. bekannte Issues oder Problemumgehung)
- Gut strukturierter, sauberer Code
- Nützliche und aktuelle Dokumentation
- Vergleicht sich offen mit ähnlichen Projekten

- Vollständig dokumentierte, nützliche API
- Flexibel und erweiterbar (z.B. über Plugins oder Konfigurationsoptionen)

Siehe auch Checkliste: Lösungs-Tauglichkeits in Abschnitt 11.2, "Alternativen zu mario".

Diese Merkmale basieren sowohl auf gängigen Branchenstandards als auch auf meinen persönlichen Werten und Vorlieben. Deine eigene Liste kann sich davon unterscheiden – zum Beispiel, wenn du FOSS-Lizenzen weniger bevorzugst oder eine bestimmte Programmiersprache bevorzugst.

Ungeeignet fürs Self-Hosting

Hier sind einige Hinweise darauf, dass ein selbst gehosteter Dienst möglicherweise vermieden werden sollte.

Merkmale eines schlechten selbstgehosteten Dienst

- Unbeliebt, inaktiv oder schlecht gepflegt:
    - Wenige Maintainer oder Beitragende
    - Maintainer reagieren kaum auf Beiträge der Community
- Enthält Telemetrie (verbindet sich nach Hause, sammelt Statistiken oder Nutzungsdaten) – besonders ohne deine Zustimmung und/oder standardmäßig aktiviert
- Hat bekannte Sicherheitslücken
- Verwirrende oder undurchsichtige Organisation: Governance, Entwicklungsplan, Lizenzierung, Versionskontrolle, Beitragseinreichung, Fehlerverfolgung
- Übermäßig komplex
- Schwer zu forken (weiterzuentwickeln)

- Nur auf Unternehmen ausgelegt: Selbsthosting-Anleitungen fehlen oder sind sehr kompliziert
- Häufige, störende Werbung oder Kaufaufforderungen
- Bewusste Herstellerbindung (Vendor Lock-in)
- Abhängigkeit von geschlossenen/proprietären Standards oder Diensten
- Open-Core-Modell [https://en.wikipedia.org/wiki/Open-core_model]

Ich werde hier Nextcloud ein wenig kritisieren. Nextcloud hat deutlich mehr positive als negative Eigenschaften – aber diese Punkte sind trotzdem erwähnenswert.

Zunächst ihr offenbar nicht-FOSS-kompatibles Build-Skript. Nicks Erklärung [https://help.nextcloud.com/t/build-bzip-and-package-from-git/58341/2] dafür ist nachvollziehbar: Es ist für sie bequemer, Geheimnisse direkt im Build-Skript zu hinterlegen und das gesamte Skript geheim zu halten. Aber: Hardcodierte Geheimnisse sind schlechte Praxis, das Verstecken eines Build-Skripts könnte ein Verstoß gegen die AGPL-Lizenz sein, und es erschwert das Forken. Es ist gute Praxis, die Nachfolge zu visualisieren – also vorbereitet zu sein auf ein Forking und einen möglichen Eigentümerwechsel. Nextcloud selbst ist schließlich ein Fork von ownCloud (siehe Abschnitt 10.8.10, "Nextcloud vs. ownCloud").

Zweitens: die ausufernde Komplexität. „Nextcloud" ist kein einzelnes Projekt, sondern eine Sammlung von *vielen* Softwareprojekten und Diensten, die in unterschiedlichem Maße von einem einzigen Unternehmen kontrolliert werden. Diese Komplexität macht einen Fork teuer und zeitaufwendig. Selbst der Wechsel zwischen bestehenden Forks (zum Beispiel die Rückkehr von Nextcloud zu ownCloud) kann kompliziert sein. Es ist offensichtlich, dass sie *nicht* versuchen, Nutzer absichtlich an sich zu binden – aber die Komplexität an sich kann letztlich genau diesen Effekt haben.

7.1.2. Dienste Ressourcen zuordnen

Hier ist eine frühe, grobe Tabelle zur Ressourcenplanung, die ich verwendet habe. Du kannst dieses Schema nutzen, um deinen eigenen Ressourcenbedarf abzuschätzen. Einige dieser Dienste werden später im Buch noch im Detail behandelt.

Tabelle 2. Beispielhafte Aufstellung von Diensten und benötigten Hardware-Ressourcen

Dienst	Zweck	Isolation	Cores	RAM
jellyfin	Musik Streaming	Docker	2	2 GB
kahoot-clone	Quizspiele	Docker	0	0 GB
poller	Umfragen	Docker	0	0 GB
backuppc	Backups	none	0	0 GB
taskd	Aufgabenmanagement	Docker	0	0 GB
sftp	Dateiübertragung	none	0	0 GB
syncthing	Dateisynchronisation	none	1	1 GB
nextcloud	Dateifreigabe	Docker	2	2 GB
minetest	Spieleserver	Docker	4	8 GB
irssi	Chatprogramm	none	0	0 GB
jitsi	Videoanrufe	Docker	2	2 GB
wallabag	Artikelspeicher	Docker	1	1 GB

„Cores" steht für den relativen Spitzenbedarf an Rechenleistung. RAM bezeichnet den maximalen Speicherbedarf. Diese Werte waren grobe Schätzungen, basierend auf veröffentlichter Dokumentation. Die Schätzungen erwiesen sich als hinreichend genau. Mir wurde schnell klar, dass ich etwas Leistungsfähigeres brauchen würde als den damals neuesten verfügbaren Raspberry Pi. Siehe Abschnitt 7.2.1, "Server" für weitere Erkenntnisse zu den Anforderungen an Ressourcen.

7.2. Hardware vorbereiten

Es heißt *Hard* ware, weil diese Probleme *hard* (schwierig) sind. Das klingt zwar lustig, entspricht aber meiner Erfahrung nach nicht der Wahrheit. Auch wenn es eine gewisse Lernkurve beim Verstehen der grundlegenden Computerhardware gibt und Hardware durchaus ausfallen kann, hat sie viele wunderbare, positive Seiten. Zum Beispiel:

- Hardware ist greifbar und verhält sich in der Regel konsistent.
- Einfach einstecken, einschalten – und es funktioniert höchstwahrscheinlich.
- Wenn es funktioniert, ist das sehr befriedigend.

7.2.1. Server

Du brauchst einen Server.

Du kannst zwar jederzeit Rechenleistung in der Cloud eines anderen mieten, aber auf lange Sicht wird das teurer.

Wenn du es eilig hast, kannst du mit fast jedem alten Desktop oder Laptop anfangen – oder mit deiner eigenen VM, die irgendwo läuft. Verwende aber besser etwas Leistungsfähigeres und Erweiterbareres als einen Raspberry Pi. Was, wenn deine Nutzer begeistert sind? Wie wirst du den Speicherplatz erweitern? Was passiert bei plötzlichen Lastspitzen? Wenn du mit etwas zu Kleinem startest, fehlt es dir schnell an Geschwindigkeit und Erweiterbarkeit.

Ich habe bereits mit vielen verschiedenen Servern gearbeitet und mich für dieses Self-Hosting-Abenteuer gründlich vorbereitet. Daher hatte ich eine ziemlich klare Vorstellung davon, was ich wollte. Ich habe mich für etwas entschieden, das leistungsstark, günstig und schnell ist – mit viel Speicherplatz und Raum für Erweiterungen. Ich habe gezielt nach professioneller Standardhardware gesucht, weil sie im Fall eines Defekts leichter austauschbar ist. Der Server sollte mit plötzlichen Lastspitzen gut zurechtkommen, z.B. beim Bauen von

Docker-Images, bei kurzfristig hoher Benutzeraktivität oder auch bei etwas generativer KI – selbst ohne Grafikprozessor.

Ich habe auf eBay einen gebrauchten, generalüberholten 1HE-Gehäusestapel für etwa 1.000USD gefunden. Solche Geräte werden oft als „off-lease enterprise hardware" bezeichnet – also Leasing-Rückläufer aus dem Unternehmensbereich. Ein 1HE-Server ist eine [Höheneinheit](https://de.wikipedia.org/wiki/H%C3%B6heneinheit) hoch – etwa so groß wie eine lange Pizzaschachtel. Technologiekonzerne stoßen diese Geräte massenweise ab, sodass man oft ein gutes Angebot findet. Mein Server hat zwei 24-Kern-CPUs und 128GB RAM.

Abbildung 9. Selbstgebauter Gehäusestapel-Server, an der Garagendecke montiert. Macht Spaß, ihn anzuschauen, und er ist aus dem Weg – aber für Wartungsarbeiten brauche ich eine Leiter, und er wiegt etwa 23kg.

Die Lüfter sind viel lauter als bei einem Desktop-PC, besonders unter Last. Der Server soll eigentlich eine gute Belüftung sowie Temperatur- und Feuchtigkeitsregulierung haben, hat sich aber bisher auch bei längeren Zeiträumen unter dem Gefrierpunkt und über 38°C als äußerst robust erwiesen. Er verfügt über mehrere Enterprise-Funktionen, die die Wartung erleichtern – wie redundante Netzteile, Hot-Swap-Festplatteneinschübe, zahlreiche Sensoren und Fernwartung über einen Webbrowser oder IPMI.

Der durchschnittliche Stromverbrauch liegt bei 130W, also etwa 1.140kWh pro Jahr – das entspricht ungefähr 138,15$ in Seattle. Das ist in etwa so viel wie eine helle Glühlampe verbraucht, und für eine einzelne Person etwas verschwenderisch. Aber bei fünf Nutzer*innen? Etwa 228kWh pro Jahr und Person. Das ist *weniger* als der Stromverbrauch der Cloud-Server-Infrastruktur, die nötig ist, um ein einziges mobiles Gerät über Googles oder Apples Cloud-Dienste zu versorgen. Weitere Literatur zu diesem Thema:

- The Surprisingly Large Energy Footprint of the Digital Economy [https://science.time.com/2013/08/14/power-drain-the-digital-cloud-is-using-more-energy-than-you-think/] by Bryan Walsh

- The spiralling energy consumption behind your smart phone [https://theguardian.com/sustainable-business/2014/sep/10/energy-consumption-behind-smart-phone] by Betsy Reed

- The secret energy impact of your phone [https://increment.com/energy-environment/the-secret-energy-impact-of-your-phone/] by Owen Williams

Ein Gehäusestapel-Server wie meiner kann weit mehr als fünf Nutzer*innen bedienen – vorausgesetzt, sie versuchen nicht alle gleichzeitig, Videos zu transkodieren.

Außerdem eignet er sich hervorragend als beheizte Sitzstange.

Abbildung 10. Vogel auf einem Server sitzend.

7.2.2. Admincomputer

Es ist hilfreich, einen separaten Computer vom Server zu haben, um Änderungen vorzunehmen. Ich verwende normalerweise ein Laptop als Admincomputer, um mario zu betreiben.

7.2.3. Testgeräte

Deine Nutzer*innen werden ihre eigenen Computer und Mobilgeräte (ihre *Clients*) verwenden. Halte ein paar verschiedene Clients bereit, damit du vergleichbare Umgebungen hast und deinen Nutzer*innen besser helfen kannst.

 Sei selbst Nutzer*in der Dienste, die du betreibst. Das nennt man *Dogfooding*. Dogfooding sorgt dafür, dass du ehrlich mit dir selbst bleibst und dich besser in andere hineinversetzen kannst.

7.2.4. Festplattenlaufwerke

Ich verwende Festplattenlaufwerke zur Datenspeicherung – hauptsächlich, um Kosten gegenüber öffentlichem Cloud-Speicher oder SSDs (Solid-State-Laufwerken) zu sparen. Die Kosten für Blockspeicher in der öffentlichen Cloud übersteigen bei Weitem die Gigabyte-Stunden-Kosten meiner Festplattenlaufwerke. Ich habe den Preis für einen 5TB Blockspeicher bei AWS auf 228,10 $ pro Monat geschätzt. Mit ZFS erstelle ich außerdem alle 15 Minuten einen Snapshot (im Grunde ein vollständiges lokales Backup). Der monatliche Preis für stündliches Speichern (das nächstvergleichbare Angebot, das ich finden konnte) kostet weitere 310,68$ bei AWS. Das ergibt 535,67$ gesamt – also etwa so viel, wie ich für meine Festplatten ausgegeben habe. Ich hatte meine Ausgaben also nach einem Monat wieder drin – und die Festplatten sollten *jahrelang* halten.

Zur Redundanz empfehle ich, zwei identische Festplatten im Spiegelmodus (RAID 1) zu verwenden. Das bietet nicht nur Datensicherheit bei Ausfall einer Festplatte, sondern auch bessere Leseleistung (bei den meisten Lesezugriffen). Beachte aber: Die nutzbare Speicherkapazität wird dabei halbiert.

Festplattenlaufwerke sind völlig ausreichend schnell, wenn man die Antwortzeiten selbstgehosteter Dienste als Maßstab nimmt. Das Betriebssystem und die Dienste arbeiten effizient mit Daten-Caching, sofern der Server über ausreichend RAM verfügt. Remote-Backups können länger dauern – das ist in Ordnung.

Ich verwende eine SSD für das Betriebssystem und alles außerhalb meiner Fotos/Dokumente usw., da die Startzeit des Betriebssystems entscheidend ist und dieses beim Booten nur wenig von Dateisystem-Caching profitiert.

Eine interessante Alternative zu Festplatten für bestimmte Anwendungsfälle ist Objektspeicher. Dabei handelt es sich um einen skalierbaren, cloudbasierten, unstrukturierten Key-Value-Speicher, den das Betriebssystem nicht direkt nutzen kann – Nextcloud allerdings schon.

Bei der Entscheidung zwischen beiden Optionen gibt es viele

Faktoren zu beachten, zum Beispiel:

- Kosten für Speicherung und Egress (Downloads)
- Kontrolle, Autonomie und Datenhoheit
- Softwareunterstützung für Objektspeicher
- Direkter Zugriff auf die Daten
- Zugriffsgeschwindigkeit und -methoden
- Netzwerkverfügbarkeit
- Backups, Versionierung und Sicherheit

Ich habe mich für Festplattenlaufwerke entschieden, um direkten, lokalen Zugriff auf meine Daten zu haben. Ich wollte ganz genau wissen, wo sie gespeichert sind, und maximale Flexibilität haben, wenn ich Dienste wechsle oder neue ausprobiere. Außerdem benötigen die meisten meiner Dienste ohnehin direkten Zugriff auf die Daten.

7.2.5. Networking

Wenn du zu Hause hostest und auch von anderen Orten als deinem lokalen Netzwerk (LAN) aus auf deinen Server zugreifen möchtest, brauchst du eine zuverlässige WAN-Verbindung (Wide Area Network). Verwende für deinen Server unbedingt kabelgebundenes Ethernet statt WLAN. Ein verkabeltes LAN ist zuverlässiger und deutlich einfacher zu warten und zu diagnostizieren.

Mindestanforderungen

Hier sind einige typische Mindestanforderungen für das Self-Hosting zu Hause:

- 100 Mbit/s Upload / 100 Mbit/s Download bei deinem Internetanbieter
- Cat-5-Ethernetkabel (für die Verbindung deines Servers)
- 802.11ac-WLAN (für deine Client-Geräte)

Ich habe diese Werte auf Grundlage meiner eigenen Erfahrungen zusammengestellt – und dann verdoppelt, damit du etwas Spielraum für Wachstum hast.

Konfiguration des Heimrouters

Lerne, wie du deinen Router richtig konfigurierst. Halte seine Firmware aktuell und pflege eine strikte Firewall: Öffne bzw. leite nur die Ports weiter, die wirklich nötig sind.

 Portweiterleitung ermöglicht eingehende Verbindungen durch deine WAN-Grenze zu deinem Server. Lies unbedingt Abschnitt 6.2, "Digitale Sicherheit", bevor du irgendwelche Ports weiterleitest.

Erstelle eine Skizze, um dein Netzwerk besser zu verstehen. Hier ist ein einfaches Diagramm, das ich mit asciiflow.com erstellt habe, um die Verkabelung zu planen und den Datenfluss durch meine Netzwerkgeräte zu visualisieren:

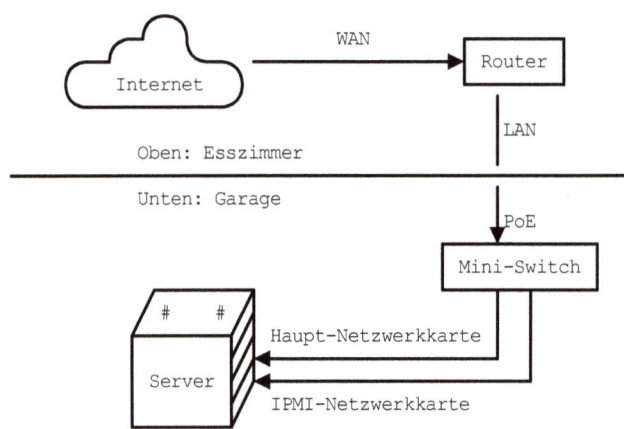

Abbildung 11. WAN into LAN traffic flow diagram.

Pfeile stellen Ethernet-Kabel dar. Der Router versorgt den Mini-Switch über PoE (Power over Ethernet) mit Strom. Der Server verfügt über zwei NICs (Network Interface Cards): eine für das Betriebssystem und alle darauf laufenden Dienste, und eine für die Netzwerkverbindung zum eingebetteten OOB-Remote-Management-Computer mit IPMI (Intelligent Platform Management Interface). WAN-Verkehr darf zur Haupt-NIC fließen, jedoch *nicht* zur IPMI-NIC.

7.2.6. Stromversorgung

Verwende eine Steckdosenleiste mit Überspannungsschutz. Falls deine Stromversorgung zu Hause unzuverlässig ist, solltest du eine unterbrechungsfreie Stromversorgung in Betracht ziehen.

7.2.7. Physische Sicherheit

Schütze deinen Server wie andere Wertsachen in deinem Zuhause. Mindestens solltest du den physischen Zugang einschränken.

7.3. OS-Installation

Hier ist eine Anleitung zur Einrichtung deines Servers. Die Installation des Betriebssystems dauert etwa fünf Minuten, wenn alles reibungslos verläuft. Schritte werden der Kürze halber weggelassen, wenn die Voreinstellung ausreicht.

> Während du das Betriebssystem installierst, denke bereits an die Notfallwiederherstellung. Mache dir Notizen und stelle dir vor, wie du den Vorgang exakt wiederholst. Bei jedem Schritt im interaktiven Ubuntu-Installer: Akzeptiere entweder die Voreinstellung oder notiere dir deine Auswahl.

1. **Installiere Ubuntu** 24.04 LTS server. Dieses Tutorial [https://ubuntu.com/tutorials/install-ubuntu-server] hat eine Schritt-für-Schritt Anleitung.

2. Verwende beim Konfigurieren des Netzwerks eine **statische LAN-IP-Adress**. YDu kannst dies möglicherweise auch auf dem Standardwert belassen (DHCP/dynamisch) und stattdessen deinen

LAN-Router so konfigurieren, dass er dem Server eine feste IP-Adresse zuweist, die sich nicht ändert.

3. Optional: Verwende eine vollständige Festplattenverschlüsselung. Siehe Abschnitt 6.2.6, "Vollständige Festplattenverschlüsselung".

4. **Notiere Username und Passwort** wenn du deinen Nutzeraccount ("Profile") erstells. Du wirst sie bald brauchen.

5. **Installiere den OpenSSH Server** wenn du dazu aufgerufen wirst.

6. **Installiere kein Nextcloud oder Docker**, lasse mario diese später installieren.

Glückwunsch, du hast soeben Linux installiert! Der nächste Schritt:

1. Optional: Nachdem du Ubuntu installiert hast, füge zwei weitere Festplattenlaufwerke hinzu und formatiere sie mit ZFS. Siehe Abschnitt 7.3.1, "ZFS Setup".

2. Lade mario auf deinen Admincomputer herunter. Siehe Kapitel 11, Weitere Ressourcen.

3. nutze mario auf deinem Admincomouter um deinen Server bereitzustellen. Siehe Kapitel 8, mario.

7.3.1. ZFS Setup

Das Betriebssystem kümmert sich im Allgemeinen gut um sich selbst. Für eine robustere Datenspeicherung kannst du ein paar Festplattenlaufwerke hinzufügen und sie mit ZFS verwalten.

ZFS bietet viele Funktionen und etwas zusätzliche Komplexität. Die Lernkurve lohnt sich.

Die folgende Anleitung zeigt dir, wie du einen einfachen Pool aus zwei gespiegelten Festplatten erstellst, sichtbar unter `/data`. Das ist ein sinnvoller Ausgangspunkt: Du erhältst damit bessere Fehlertoleranz und schnellere Leseleistung als mit nur einer einzelnen Festplatte.

Auf dem Server führst du diese Befehle als `root` aus (Tipp: zuerst `sudo su` - eingeben). Der Code unten geht davon aus, dass du mit einer Festplatte für das Betriebssystem angefangen hast, und dass das

Betriebssystem diese als `/dev/sda` erkannt hat, und dass du zwei weitere Festplatten hinzugefügt hast, die als `/dev/sdb` und `/dev/sdc` erkannt wurden. Passe das bei Bedarf an — verwende `lsblk`, um deine Laufwerke zu identifizieren.

Listing 4. ZFS Setup (🐟 Server)

```
# Create partition tables.
parted /dev/sdb mklabel gpt
parted /dev/sdc mklabel gpt

# Create ZFS main mirrored pool and set attributes (for all future datasets
# in this pool).
zpool create -O mountpoint=none main mirror /dev/sdb /dev/sdc
# For performance.
zfs set atime=off main
# To save space.
zfs set compression=on main
# For security.
zfs set exec=off main
zfs set setuid=off main
zfs set canmount=off main

# Create encrypted dataset in "main" pool. This is the "parent" dataset, we
# can easily add more later and they'll all be encrypted.
openssl rand -base64 32 > /root/secure-dataset-key
zfs create -o encryption=on -o keyformat=passphrase \
    -o keylocation=file:///root/secure-dataset-key main/secure
zfs set canmount=off main/secure

# Create usable (mount-able) dataset.
zfs create -o mountpoint=/data main/secure/data

# This might not be necessary if you _never_ want to execute anything in
# /data. I found I needed it for something within a container (ffmpeg, I
# think). You can start with exec=off and turn it on later if you want.
zfs set exec=on main/secure/data
```

Hier sind einige Befehle, mit denen du Details zu dem anzeigen kannst, was du gerade erstellt hast. Dafür sind keine Root-Rechte erforderlich.

Listing 5. show ZFS details (🐟 Server)

```
# Examine pools.
zpool status
zpool list
```

```
# Examine datasets.
zfs list
```

Unter Ubuntu 24.04 LTS sind weitere Schritte erforderlich, damit dieses neue Dateisystem beim Serverstart automatisch eingebunden wird. Die folgenden Anweisungen stammen aus der Handbuchseite zfs-mount-generator(8) — mit einigen Korrekturen. Diese Befehle müssen mit root-Rechten ausgeführt werden.

Listing 6. ZFS mount on boot setup (❦ Server)

```
# enable tracking for the pool
mkdir /etc/zfs/zfs-list.cache
touch /etc/zfs/zfs-list.cache/main

# enable the tracking ZEDLET
systemctl enable zfs-zed.service
systemctl restart zfs-zed.service

# trigger cache refresh
zfs set relatime=off main/secure
zfs inherit relatime main/secure

# re-run systemd generators and reboot
systemctl daemon-reload
reboot
```

7.4. Serverwartung

Ich verwende kurze monatliche und jährliche Wartungs-Checklisten. Ich aktualisiere meine Checklisten ungefähr so oft, wie ich sie benutze. Hier sind Beispiele, die du als Ausgangspunkt verwenden kannst.

Checkliste: Monatliche Wartung

- ☐ Betriebssystempakete aktualisieren.
- ☐ Verfügbaren Speicherplatz überprüfen.
- ☐ Router-Konfiguration sichern.

Beachte, dass Ubuntu Server standardmäßig das Paket `unattended-upgrades` enthält, das Sicherheitsupdates automatisch installiert. Du möchtest stattdessen vielleicht den Punkt „Bestätigen, dass Betriebssystem-Updates erfolgreich waren" in deine Checkliste aufnehmen.

Jährliche Aufgaben sind in der Regel aufwändiger und betreffen Teile des Systems und seiner Abhängigkeiten, die sich idealerweise seltener ändern.

Checkliste: Jährliche Wartung

- ☐ Backups wiederherstellen testen.
- ☐ Threat Model überprüfen und verbessern.
- ☐ Servergehäuse öffnen und tote Spinnen wegsaugen.

Die folgenden Abschnitte enthalten spezifische Wartungstipps und -tricks.

7.4.1. Hardware-Ausfall

Plane mit Hardware-Ausfällen. Wenn du es dir leisten kannst, ist der einfachste Weg, einen Server zuverlässig zu betreiben, *zwei identische Server zu kaufen*. Verwende den zweiten als Ersatzteilspender oder als sofort einsatzbereiten Ersatz (auch „Cold Spare" genannt).

7.4.2. Software-Updates

Halte deinen Server auf dem neuesten Stand. Für das Betriebssystem:

Listing 7. upgrade packages (🐦 Server)

```
sudo apt update && sudo apt full-upgrade
```

Dies aktualisiert die lokalen Paketinformationen und – falls erfolgreich – das Betriebssystem. Root-Zugriff ist erforderlich, daher sudo. Das ist relativ sicher und erfordert in der Regel wenig bis keine Interaktion außer einer Bestätigung zum Fortfahren. Ein Neustart kann anschließend nötig sein (z.B. bei Kernel-Updates). Beim Einloggen zeigt der Server an, ob ein Neustart erforderlich ist.

Jeder Dienst in Kapitel 9, Dienste enthält einen Abschnitt „Wartungshinweise" mit Update-Anleitungen. Container-Images lassen sich manuell mit Docker Compose oder automatisch mit Watchtower aktualisieren. Siehe Abschnitt 9.4, "Watchtower: Dienst-Updates" für Details.

7.4.3. Überwachung

Behalte die Server-Gesundheit im Blick. Prüfe den freien Speicherplatz mit df -h. Wenn sich der Server träge anfühlt, überprüfe die PSI (Pressure Stall Information) mit:

Listing 8. check PSI (🐦 Server)

```
tail /proc/pressure/*
```

atop zeigt ebenfalls PSI-Werte an. Wenn dein PSI-Check hohe Ressourcennutzung anzeigt, versuche docker stats, um die Ressourcennutzung pro Container zu sehen. Das sollte dir helfen, das Problem auf bestimmte Dienste einzugrenzen.

Wenn du ZFS verwendest, kannst du zpool iostat verwenden, um Ein-/Ausgabe-Statistiken für deine Speicherpools zu sehen.

Auf Host-Ebene kannst du htop -d 100 verwenden, um Statistiken für alle Prozesse und Threads zu sehen. Verfolge alle protokollierten Ereignisse für den Host mit `journalctl -f`.

7.4.4. Backups

Nützliche Backups zu haben ist eine entscheidend wichtige Praxis, für die man selten Anerkennung bekommt, wenn sie gut gemacht ist – aber immer Schuld, wenn sie schlecht gemacht ist.

Überprüfe regelmäßig deine Backups, um sicherzustellen, dass sie funktionieren.

Erstelle konsistente Backups von allem auf deinem Server, sodass die laufenden Dienste nicht einmal bemerken, dass sie gesichert werden. Beispiel: Erstelle einen ZFS-Snapshot und sichere diesen.

Backups mithilfe von ZFS-Momentaufnahmen können trotzdem Probleme verursachen. ZFS garantiert beispielsweise keinen konsistenten Zustand der gesicherten Daten für laufende Programme. Angenommen, du stellst eine MariaDB-Datenbank aus einem Backup wieder her. Wenn du die Tabellen vor dem Erstellen der ZFS-Momentaufnahme nicht geleert und gesperrt hast, könnte MariaDB gerade dabei gewesen sein, einen Schreibvorgang durchzuführen, mit Daten im Speicher, die noch nicht auf die Festplatte geschrieben wurden. Sie müsste sich dann selbst wiederherstellen, und die Daten, die MariaDB zu schreiben versuchte, könnten verloren gehen. Diese Art von Datenverlust ist selten, und das Risiko ist für ein typisches Homelab akzeptabel.

> Erstelle Backups nach der 3-2-1-Faustregel: Erstelle **3** Backups. Bewahre mindestens **2** lokale Kopien auf unterschiedlichen Medien auf. Habe **1** externes (remote) Backup.

Ich empfehle eine Backup-Strategie, die ZFS-Momentaufnahmen entweder mit restic [https://restic.net] oder Borg [https://borgbackup.org] kombiniert, um die Daten extern zu sichern. Hier ist ein guter Vergleich zwischen restic und Borg [https://reddit.com/r/BorgBackup/comments/v3bwfg/].

Hier sind einige Beispielbefehle, die zeigen, wie man ein ZFS-

Dateisystem sichert. Du kannst sie als Ausgangspunkt für dein eigenes Backup-Skript verwenden.

Listing 9. example backup script (🪶 Server)

```
snapName=$(date -I)-backup

sudo zfs snapshot main/secure/data@$snapName  ①

sudo restic backup /data/.zfs/snapshot/$snapName  ②

sudo zfs destroy -R main/secure/data@$snapName
```

① Das Ausführen dieses Befehls zum Erstellen einer Momentaufnahme dauert auf meinem Server 0,040 Sekunden. Sobald er abgeschlossen ist, erscheint ein neuer schreibgeschützter Ordner unter `/data/.zfs/snapshot`, der den Snapshot enthält.

② Diese Zeile setzt voraus, dass du restic installiert und konfiguriert hast. Es kann deinen Snapshot extern sichern – gemäß der 3-2-1-Regel.

Kapitel 8. mario

mario ist ein Tool, das ich entwickelt habe, um dir beim Einrichten und Warten eines Servers zu helfen. Es ist im Wesentlichen ein Wrapper um das bewährte Ansible [https://ansible.com]-Systembereitstellungstool. Alles, was ich mit mario mache, lässt sich auch manuell direkt auf dem Server erledigen. Der Vorteil bei der Verwendung von mario ist jedoch, dass jede Änderung (z.B. die Installation eines Pakets) konsistent und mit Prüfprotokoll durchgeführt wird. Der wahre Nutzen dieser Praxis zeigt sich vor allem bei der Zusammenarbeit mit anderen – einschließlich deinem zukünftigen Ich. Es ist oft nicht leicht, sich ein Jahr später noch zu erinnern, was man getan hat und warum.

Sobald dein Server online ist, wie unter Abschnitt 7.3, "OS-Installation" beschrieben, kannst du mario verwenden, um Dienste zu konfigurieren und zu starten.

Bitte lade den Quellcode herunter (siehe Kapitel 11, *Weitere Ressourcen*). Es ist hilfreich, ihn griffbereit zu haben, um beim Lesen mitverfolgen zu können.

mario befindet sich zusammen mit diesem Buch im Ordner `mario/`. Das Skript `provision.sh` befindet sich im Verzeichnis `ansible/`.

8.1. mario-Philosophie

mario ist ein praktisches Lernwerkzeug. Es bringt sinnvolle, getestete Standardwerte mit. Es automatisiert einige der mühsamen und verwirrenden Schritte beim Einrichten von Diensten auf einem Server. mario ist kein unterstütztes und produktionsreifes Softwareprodukt. Es bringt dich an den Start, das ist alles. Mach damit weiter, wenn du möchtest – oder nutze es einfach, um den Aufbau deiner persönlichen Cloud zu beschleunigen. Etwas anderes erfüllt seine Aufgabe besser oder wird es in Zukunft tun. Hier sind einige Vorschläge, wie du das Beste aus mario herausholen kannst:

Beim ersten Ausführen von mario solltest du die Anweisungen so genau wie möglich befolgen. Es werden viele Annahmen getroffen, damit es „out of the box" funktioniert, und es ist leicht anpassbar gedacht.

Die Konfigurationsdateien von mario sind deklarativ: Sie enthalten den Zustand, in dem sich dein Server am Ende befinden soll – nicht all die einzelnen Befehle, die du manuell ausführen würdest, um denselben Zustand zu erreichen. marios `provision.sh` führt Ansible aus, und Ansible führt die Befehle für dich auf dem Server aus (z.B. ein `chmod` auf eine Datei) – auf vorhersehbare und wiederholbare Weise. Der gewünschte Endzustand, wie in den Konfigurationsdateien deklariert, wird durch Ansible erreicht und bestätigt.

Nachdem mario einmal erfolgreich eingerichtet wurde, solltest du es direkt nochmal ausführen! Das Bereitstellen mit mario ist beruhigend idempotent: Das System ändert sich nicht mehr in bedeutender Weise, sobald der gewünschte Zustand erreicht ist. Sobald `provision.sh` erfolgreich abgeschlossen ist, kannst du es erneut ausführen, um zu bestätigen, dass sich der Server weiterhin im gewünschten Zustand befindet. Dann kannst du anfangen zu experimentieren. Einige Ideen findest du unter Kapitel 13, *Übungen*.

Wenn du dich mit VMs auskennst und lieber damit arbeitest, kannst du zunächst eine VM erstellen und mario darauf ausführen, bis du bereit bist, mario auf deinen echten Server loszulassen. Oder vielleicht *ist* dein echter Server eine VM – das funktioniert ebenso gut.

8.2. SSH Setup

mario läuft auf deinem Admincomputer und erwartet, direkt per SSH eine Verbindung zu deinem Server herstellen zu können. So bringst du das zum Laufen.

Weise zuerst der IP-Adresse deines Servers einen leicht zu merkenden Namen zu. Füge mit der IP-Adresse aus Abschnitt 7.3, "OS-Installation" eine Zeile wie diese in deine Hosts-Datei ein (z.B. /etc/hosts):

Listing 10. line to add to hosts file (🏠 Admincomputer)

```
192.168.1.100    mario_server
```

Bestätige, dass du den Server unter dem Namen `mario_server` anpingen kannst. So sieht es aus, wenn es funktioniert:

Listing 11. test ping server (🏠 Admincomputer)

```
$ ping mario_server
PING mario_server (192.168.1.100) 56(84) bytes of data.
64 bytes from mario_server (192.168.1.100): icmp_seq=1 ttl=64 time=0.316 ms
64 bytes from mario_server (192.168.1.100): icmp_seq=2 ttl=64 time=0.535 ms
64 bytes from mario_server (192.168.1.100): icmp_seq=3 ttl=64 time=0.178 ms
^C
--- mario_server ping statistics ---
3 packets transmitted, 3 received, 0% packet loss, time 2041ms
rtt min/avg/max/mdev = 0.178/0.343/0.535/0.146 ms
```

Als Nächstes soll dein SSH-Client beim Ausführen von `ssh mario_server` den richtigen Benutzernamen übermitteln. Hier ist eine Beispielkonfigurationsvorlage für den OpenSSH-Client. Ersetze `your-username` durch den Benutzernamen deines Serverkontos.

Listing 12. customize OpenSSH client configuration (🏠 Admincomputer)

```
Host mario_server
  User your-username
```

Du kannst das in ~/.ssh/config einfügen und bei Bedarf an deinen verwendeten SSH-Client anpassen. Teste die Verbindung mit ssh mario_server. Du wirst möglicherweise so etwas sehen:

Listing 13. SSH host fingerprint prompt (🏠 Admincomputer)

```
The authenticity of host 'mario_server (192.168.1.100)' can't be established.
ECDSA key fingerprint is SHA256:o2kUkvSP3JG9PTt/Ju11FWKkCpTJCB4rY3jQvImtRNw.
Are you sure you want to continue connecting (yes/no/[fingerprint])?
```

Wenn die IP-Adresse korrekt ist, kannst du davon ausgehen, dass der Server im LAN, den du gerade erstellt hast, derselbe ist, mit dem du dich jetzt verbinden möchtest. Fahre fort mit `yes` und `Enter`. Wenn du ganz sicher gehen willst, führe einen der folgenden Befehle auf dem Server aus und überprüfe, ob die Fingerabdrücke übereinstimmen:

Listing 14. show SSH host public key (🖥 Server)

```
# use this if you saw "ECDSA key fingerprint..." earlier
ssh-keygen -lf /etc/ssh/ssh_host_ecdsa_key.pub

# use this if you saw "ED25519 key fingerprint..." earlier
ssh-keygen -lf /etc/ssh/ssh_host_ed25519_key.pub

# use this if you saw "RSA key fingerprint..." earlier
ssh-keygen -lf /etc/ssh/ssh_host_rsa_key.pub
```

Als Nächstes richte die Authentifizierung mit öffentlichem Schlüssel ein. Wenn du ein Schlüsselpaar benötigst, erstelle eines mit ssh-keygen oder einem ähnlichen Befehl auf deinem Admincomputer. Wenn du bereits ein Schlüsselpaar hast, verwende dieses. Kopiere den öffentlichen Schlüssel mit ssh-copy-id oder einem ähnlichen Tool auf den Server. Zum Beispiel:

Listing 15. install SSH key on server (🏠 Admincomputer)

```
$ ssh-copy-id mario_server
/usr/bin/ssh-copy-id: INFO: attempting to log in with the new key(s), to filter
out any that are already installed
/usr/bin/ssh-copy-id: INFO: 2 key(s) remain to be installed -- if you are
prompted now it is to install the new keys
mario2024@mario_server's password:

Number of key(s) added: 2

Now try logging into the machine, with:   "ssh 'mario_server'"
and check to make sure that only the key(s) you wanted were added.
```

Teste, ob bisher alles funktioniert, indem du `ssh mario_server` ausführst. Du solltest etwa Folgendes sehen:

Listing 16. successful SSH to server (🏠 Admincomputer)

```
$ ssh mario_server
Welcome to Ubuntu 24.04 LTS (GNU/Linux 6.8.0-31-generic x86_64)

... snip ...

Last login: Fri May  3 16:44:52 2024 from 192.168.1.225
user@server:~$
```

8.3. Server bereitstellen

Führe `provision.sh` auf deinem Admincomputer aus (*nicht* auf deinem Server):

Listing 17. mario first run (🏠 Admincomputer)

```
cd mario/ansible
./provision.sh
```

Beim ersten Aufruf überprüft mario die Voraussetzungen und fordert dich auf, serverspezifische Werte in eine Konfigurationsdatei einzugeben.

Listing 18. mario first run output (🏠 Admincomputer)

```
You don't have a config file. I'll create one for you now.

Please edit 'config' and re-run this script.
```

Hier ist eine Anleitung zu den Einstellungen in deiner `config`, die du gegenüber den Standardwerten ändern musst. Lies dir auch unbedingt die Kommentare in dieser Datei durch. Ich gehe davon aus, dass du einen Domainnamen und einen DNS-Anbieter mit API-Zugang hast. Siehe Abschnitt 8.4, "Server-Domainname" für Details, wie du diesen erhältst.

`DNS_API_PROVIDER`

Trage hier den Namen deines DNS-Anbieters ein (also des Anbieters, bei dem deine DNS-Einträge verwaltet werden). mario konfiguriert Traefik so, dass es direkt mit deinem DNS-Server kommuniziert, um Let's-Encrypt-Zertifikate auszustellen. Dein Domain-Registrar (wo du die Domain gekauft hast) ist nur relevant, wenn er auch dein DNS-Anbieter ist.

`NAMECHEAP_*`, `DUCKDNS_*`, `R53_DNS_*`, `DO_*`...

Trage hier die Zugangsdaten **nur eines** Anbieters ein – und zwar desselben Anbieters, den du in `DNS_API_PROVIDER` angegeben hast.

`DNS_RESOLVER_EMAIL`

Gib hier eine E-Mail-Adresse an, die zu deinem DNS-API-Anbieter passt. Unter dieser Adresse wirst du möglicherweise von Let's Encrypt kontaktiert.

`MARIO_DOMAIN_NAME`

Das ist ein Name wie `example.duckdns.org` oder `example.com`. Einzelne Dienste werden darauf basierend benannt, z.B. `jellyfin.example.com`.

Beende das Bearbeiten von `config` und führe anschließend `provision.sh` erneut aus. Dieser Durchlauf fragt dich nach dem Passwort, das du während der Abschnitt 7.3, "OS-Installation" festgelegt hast. Bei weiteren Durchläufen ist das nicht mehr nötig. Die Ausgabe sollte in etwa so aussehen:

Listing 19. mario second run output (🏠 Admincomputer)

```
BECOME password:

PLAY [all] *********************************************************

TASK [base : Configure apt cache] **********************************
ok: [mario_server]

TASK [base : Install packages] *************************************
changed: [mario_server]

... snip ...

PLAY RECAP *********************************************************
mario_server               : ok=21   changed=0    unreachable=0    failed=0
skipped=3    rescued=0    ignored=0
```

Bei mir dauert der Vorgang ungefähr zehn Sekunden. Im **Recap** werden bei einem vollständig eingerichteten System alle Aufgaben als `ok` angezeigt. Einige Aufgaben werden mit `skipped` übersprungen, bis Nextcloud zum ersten Mal gestartet wurde – das kannst du vorerst ignorieren.

Wenn `provision.sh` ohne Fehler abgeschlossen wurde, konnte mario deinen Server und die Dienste erfolgreich einrichten. Fahre direkt fort mit Abschnitt 8.5, "Dienste starten".

8.4. Server-Domainname

Dein Server braucht einen Namen. Du erhältst einen Domainnamen von einem Registrar und gibst diesen Hostnamen während der Abschnitt 7.3, "OS-Installation" ein. Ich empfehle, einen einzigen Domainnamen zu verwenden und alle Dienste über Subdomains zu benennen (z.B. `cloud.example.com`). Du kannst entweder einen kostenlosen Domainnamen verwenden oder einen bei einem Registrar kaufen. mario benötigt den Domainnamen, um einen DNS-Anbieter mit API zur Einrichtung der HTTPS-Verschlüsselung für den Webverkehr verwenden zu können. Beachte, dass sich Registrar und DNS-Anbieter unterscheiden können.

Du möchtest deinen Server vielleicht auch von unterwegs per Namen erreichen können, falls du WAN-Zugriff erlaubst und/oder eine dynamische WAN-IP-Adresse hast. Frage bei deinem DNS-Anbieter nach, wie du entsprechende Einträge (z.B. A- und CNAME-Einträge) hinzufügen kannst.

8.4.1. Öffentlicher DNS

Duck DNS bietet einen kostenlosen Domainnamen- und DNS-Dienst an. mario funktioniert auch mit kostenpflichtigen Diensten wie Namecheap, DigitalOcean und Route 53. Ich empfehle eine der kostenpflichtigen Optionen gegenüber Duck DNS. Die Unterstützung weiterer DNS-Anbieter (hust, insbesondere selbstgehosteter!) könnte später hinzugefügt werden.

 Öffentliche DNS-Einträge setzen keinen WAN-Zugriff voraus. Abschnitt 6.2, "Digitale Sicherheit" behandelt den WAN-Zugriff im Detail.

Duck DNS

Wenn du einen kostenlosen Domainnamen von einem Anbieter mit API möchtest, kannst du dein Glück mit Duck DNS versuchen.

1. Starte auf duckdns.org.
2. Melde dich an und füge eine Domain hinzu.

Deine Domain wird etwa so heißen: blah.duckdns.org. Verwende dies anstelle von example.com, wo es passt – z.B. cloud.blah.duckdns.org anstelle von cloud.example.com.

Amazon Route 53

Wenn du dich für Route 53 entscheidest, erstelle eine neue „Hosted Zone" mit dem Domainnamen, den du besitzt. Notiere dir die Route 53-

Nameserver. Gehe zurück zu deinem Domain-Registrar und trage dort diese Nameserver ein.

Erstelle bei Amazon IAM einen Benutzer mit der Berechtigung, diese Hosted Zone zu aktualisieren. Hier ist eine Richtlinie mit viel zu vielen Rechten, die aber dennoch funktioniert:

Listing 20. naive Route 53 policy

```
{
   "Version": "2012-10-17",
   "Statement": [
     {
       "Effect": "Allow",
       "Action": "route53:*",
       "Resource": "*"
     }
   ]
}
```

8.4.2. Dynamisches DNS

Wenn du WAN-Zugriff möchtest und sich deine IP-Adresse regelmäßig ändert, ist es praktisch, diese automatisch in den DNS-Einträgen zu aktualisieren. Ähnlich wie Traefik HTTPS-Zertifikate einrichtet, nutzt auch dieser Vorgang eine API deines DNS-Anbieters. Es gibt verschiedene Möglichkeiten – alle als Übungen für die Leserin oder den Leser gedacht: Eine Möglichkeit ist, einen dynamischen DNS-Client in einem Docker-Container bereitzustellen. Solche Dienste sind in der Regel sehr einfach einzurichten. Eine andere Idee ist, zu prüfen, ob dein Router dynamische DNS-Updates direkt durchführen kann.

8.4.3. Interner DNS

Es ist praktisch, einen internen DNS-Server zu haben, um deinen Server per Namen ansprechen zu können. Diese internen Namen sollten den öffentlichen Namen entsprechen und auf ausschließlich im LAN erreichbare, private IP-Adressen zeigen. So kannst du innerhalb und außerhalb deines LAN dieselben Namen verwenden – und deine

Let's-Encrypt-Zertifikate funktionieren weiterhin. Dein LAN-Router hat wahrscheinlich einen integrierten DNS-Server und erlaubt dir möglicherweise, IP-Adressen Namen zuzuweisen.

Falls du keinen internen DNS-Server hast, kannst du weitere Hostnamen-zu-IP-Adressen-Zuordnungen anlegen – so wie bereits im Abschnitt Abschnitt 8.2, "SSH Setup" gezeigt. Hier ist noch einmal die `hosts`-Datei:

Listing 21. hosts file with service names (Admincomputer)

```
# for provisioning from Admincomputer
192.168.1.100    mario_server

# for accessing services from Admincomputer
192.168.1.100    traefik.example.com
192.168.1.100    cloud.example.com
192.168.1.100    jellyfin.example.com
192.168.1.100    wallabag.example.com
192.168.1.100    scratch.example.com
```

Das manuelle Zuordnen von IP-Adressen zu Hostnamen mit einer Hosts-Datei ist hilfreich für die erste Einrichtung und Wartung, wenn dein interner DNS-Server ausfällt. Denk daran, dass nur der Computer mit diesen spezifischen Zuordnungen die Namen verwenden kann. Teste die Zuordnungen mit `ping` auf deinem Admincomputer.

> Ich habe Beispiele für zwei Arten von Dienst-Domänennamen gezeigt. `cloud.example.com` gibt die Funktion des Dienstes an, nicht den Markennamen des Dienstes. `nextcloud.example.com` würde genauso gut funktionieren. Die Wahl liegt bei dir.

8.5. Dienste starten

mario hat deinen Server so vorbereitet, dass er eine Handvoll Dienste ausführen kann. Docker und Docker Compose sind installiert. Docker-Konfigurationsdateien befinden sich in Verzeichnissen unter `/root/ops`. Daten für Dienste befinden sich in Verzeichnissen unter `/data`.

Keiner der Dienste läuft bisher. Gleich werden wir sehen, wie man sie einschaltet und benutzt.

Zuerst nehmen wir einen kleinen Schritt, um uns viel Tipperei zu ersparen. Dienste werden mit Docker Compose gestartet und gestoppt, das immer mit `docker compose` aufgerufen wird. Wenn du `docker compose` ausführst, musst du dich zuerst in einem Ordner befinden, der eine Datei `compose.yml` enthält. Der Name dieses Ordners entspricht üblicherweise dem Namen des Dienstes. Ein typisches Nutzungsmuster sieht so aus:

Listing 22. start a service in its folder (🐦 Server)

```
sudo su -
cd /root/ops/traefik
docker compose up -d
```

Versuche, diese Methode zu vermeiden. Je weniger Befehle direkt als `root` ausgeführt werden, desto besser. Ich empfehle stattdessen Folgendes:

Listing 23. start a service, explicit configuration file (🐦 Server)

```
sudo docker compose --file /root/ops/traefik/compose.yml up -d
```

mario installs a program called `dc` on the server to save you some typing:

Listing 24. start a service with dc (🐦 Server)

```
# equivalent to
# sudo docker compose --file /root/ops/traefik/compose.yml up -d
dc traefik up -d
```

Für einige Befehle, darunter `docker compose`, ist `sudo` erforderlich. Das Skript `dc` führt `sudo` automatisch für dich aus.

8.5.1. Reverse-Proxy starten

Richte zuerst den Reverse-Proxy ein. Starte Traefik auf deinem Server mit `dc traefik up -d`. Wenn das funktioniert hat, warte ein bis zwei Minuten und besuche dann https://traefik.example.com in einem Webbrowser, um das Traefik-Dashboard zu sehen. Während du auf das Dashboard wartest, kannst du die Logs mit `dc traefik logs -f` mitverfolgen.

Es kann ein bis zwei Minuten dauern, bis Traefik die Zertifikate für die HTTPS-Verschlüsselung eingerichtet hat, also mache dir keine Sorgen, wenn anfangs Warnungen über ungültige Zertifikate erscheinen. Für einen funktionierenden Traefik-Dienst sollte in etwa Folgendes erscheinen:

Listing 25. typical Traefik logs, edited for brevity (🦅 Server)

```
+ sudo docker compose --file /root/ops/traefik/compose.yml logs -f
rp-1 | Traefik version 3.0.0 built on 2024-04-29T14:25:59Z version=3.0.0
rp-1 | Starting provider aggregator aggregator.ProviderAggregator
rp-1 | Starting provider *traefik.Provider
rp-1 | Starting provider *docker.Provider
rp-1 | Starting provider *acme.ChallengeTLSALPN
rp-1 | Starting provider *acme.Provider
rp-1 | Testing certificate renew... acmeCA=... providerName=myresolver.acme
^Ccanceled
```

Wenn du eine Weile gewartet, die Seite neu geladen hast und dein Browser immer noch ungültige Zertifikatswarnungen zeigt, wenn du versuchst, https://traefik.example.com zu besuchen, lies die Traefik-Logmeldungen sorgfältig durch und sieh dir auch Abschnitt 8.6, "Verschlüsselungszertifikate" für Schritte zur Fehlerbehebung an. Sobald du das Dashboard sehen kannst, beende das Verfolgen der Traefik-Logs mit `Strg` + `c`.

8.5.2. Andere Dienste starten

Das Starten eines mario-Dienstes erfolgt immer mit `dc SERVICE up -d`, genau wie wir es mit Traefik gemacht haben. Um alles auf einmal hochzufahren, kannst du dieses Shell-Skript verwenden:

Listing 26. start all services ad-hoc Bash script (❦ Server)

```
for service in $(sudo ls /root/ops); do
    dc $service up -d
done
```

Dies wird auch Images abrufen und erstellen sowie Container bei Bedarf aktualisieren. Dienste, die nicht mit ihrer `compose.yml`-Datei übereinstimmen, werden neu gestartet. Dies ist idempotent: Bereits laufende und aktuelle Dienste bleiben unverändert.

8.6. Verschlüsselungszertifikate

Traefik installiert automatisch Let's Encrypt–Zertifikate, um den HTTP-Datenverkehr zu verschlüsseln. Die Zertifikate werden über eine DNS-Challenge [https://doc.traefik.io/traefik/https/acme/#dnschallenge] ausgestellt. Diese Methode zur Authentifizierung einer Zertifikatsanfrage [https://letsencrypt.org/docs/challenge-types/] ist besonders praktisch für Server ohne öffentlich erreichbare eingehende Ports und ermöglicht so bequemes HTTPS selbst in geschlossenen LANs. Die DNS-Challenge wird über Labels in der `compose.yml`-Konfigurationsdatei von Traefik eingerichtet.

Traefik kann HTTPS-Verbindungen annehmen, entschlüsseln und als unverschlüsseltes HTTP an Webdienste weiterleiten. Dies nennt man **SSL-Termination** und wird in Traefiks `compose.yml` über Zeilen mit `acme` konfiguriert.

Schau dir einmal die `compose.yml`-Datei eines beliebigen mit mario gelieferten Dienstes an. Jeder Dienst hat im Router-Abschnitt eine `tls`-Sektion definiert, um HTTPS-Verschlüsselung und SSL-Terminierung zu aktivieren.

Falls beim Aufruf deiner Webdienste Zertifikatswarnungen erscheinen, prüfe zuerst die Traefik-Logs wie in Abschnitt 8.5.1, "Reverse-Proxy starten" beschrieben. Um die Protokollausgabe von Traefik zu erweitern, ändere in der `compose.yml` von Traefik den Eintrag

`--log.level=INFO` zu `--log.level=DEBUG`, führe die Provisionierung erneut aus und starte Traefik neu. Falls das Problem weiterhin besteht, überprüfe, ob DNS-Abfragen erfolgreich sind, da dies die DNS-Challenge beeinflusst.

Listing 27. example DNS tests

```
####
# Try these commands on both the Admincomputer and server.
# Replace dig (and its arguments) with your favorite DNS tool.
# Replace traefik.example.com with your Traefik service name.
####

# Look up Traefik on default DNS server.
# Should quickly return a LAN private IP address.
dig traefik.example.com

# Look up Traefik server name on Quad9 DNS.
# - @9.9.9.9 forces Quad9's DNS service.
# - +short uses terse output
# Should return nothing--we didn't set an IP address.
dig @9.9.9.9 +short traefik.example.com

# Fetch TXT record for Traefik.
# Contains a long unique string while Traefik is executing a
# DNS challenge and is otherwise not set.
dig traefik.example.com TXT
```

8.7. Kleiner Testdienst

Falls du bis hierher gekommen bist, probiere, einen Testdienst zu starten. Das ist nützlich, um zu bestätigen, dass das Netzwerk für Docker-Container auf deinem Host korrekt funktioniert. Wenn Traefik bereits läuft, haben wir diese Bestätigung eigentlich schon (weil Traefik für die DNS-Challenge Netzwerkzugriff benötigt), aber es kann trotzdem ein praktisches Werkzeug für später sein – oder zumindest ein positiver Schritt in Richtung eigener nützlicher Dienste.

Dieser Testdienst demonstriert das Pingen eines öffentlichen Servers. Erstelle *auf deinem* Server den Ordner: `~/ping/`. Lege in diesem Ordner eine Datei `compose.yml` mit folgendem Inhalt an:

Listing 28. tiny test service config (🪶 Server)

```yaml
services:
  test:
    image: alpine
    command: ping example.com
```

Im Ordner `~/ping/` führe Befehl `sudo docker compose up` aus. Drücke nach ein paar Sekunden `Strg + C`. Du solltest dann ungefähr so etwas sehen:

Listing 29. start tiny test service (🪶 Server)

```
$ cd ~/ping/
$ sudo docker compose up
[+] Running 2/2
 ✓ Network ping_default    Created                              0.1s
 ✓ Container ping-test-1   Created                              0.1s

Attaching to ping-test-1
ping-test-1  | PING example.com (93.184.216.34): 56 data bytes
ping-test-1  | 64 bytes from 93.184.216.34: seq=0 ttl=55 time=3.477 ms
ping-test-1  | 64 bytes from 93.184.216.34: seq=1 ttl=55 time=3.236 ms
ping-test-1  | 64 bytes from 93.184.216.34: seq=2 ttl=55 time=3.363 ms
^CGracefully stopping... (press Ctrl+C again to force)
Aborting on container exit...
[+] Stopping 1/1
 ✓ Container ping-test-1   Stopped                             10.4s
canceled
```

> Für Bonuspunkte kannst du deinen kleinen Testdienst in mario integrieren.

Das ist auch die Grundlage, um später spannendere Dienste hinzuzufügen. Nur ein paar zusätzliche Zeilen Code und Konfiguration reichen, um einen kleinen API- oder Webdienst zu erstellen – und mit ein paar weiteren Zeilen kannst du ihn über deinen Reverse-Proxy veröffentlichen.

Kapitel 9. Dienste

Jetzt kannst du die von mario bereitgestellten Dienste ausprobieren. Dieses Kapitel behandelt, was sie bieten und wie du sie verwaltest.

Tabelle 3. Verwendungszwecke der standardmäßigen mario-Dienste

Verwendungszweck	Siehe
Dateien synchronisieren und freigeben, Groupware	Abschnitt 9.1, "Nextcloud: Dateisynchronisation und -Freigabe"
Musik und Heimvideos streamen	Abschnitt 9.2, "Jellyfin: Audio- und Videostreaming"
Artikel offline und ohne Ablenkung lesen	Abschnitt 9.3, "Wallabag: Artikel speichern und lesen"
Andere Dienste auf dem neuesten Stand halten	Abschnitt 9.4, "Watchtower: Dienst-Updates"
Programmieren mit visuellen Werkzeugen lernen	Abschnitt 9.5, "Scratch: visuelle Programmierung"

Diese speziellen Dienste sind nur ein kleiner Bruchteil derjenigen, die für das Self-Hosting verfügbar sind. Sie spiegeln die Vorlieben meiner

Nutzer*innen wider (einschließlich – und überproportional – meiner eigenen) in den Bereichen Lesen, Teilen, Medien usw. Wenn man diese Dienste zum Laufen bringt, bietet man seinen Nutzer*innen bereits nützliche Funktionen. Sie dienen als guter Ausgangspunkt, um alles Mögliche selbst zu hosten.

Zu jedem Dienst findest du meine persönlichen Kommentare und alle Probleme, auf die ich gestoßen bin. Falls ich eine Funktion erwähne, die ich gern hinzugefügt sehen würde, habe ich auch schon darüber nachgedacht, sie selbst zu implementieren (oder jemanden davon zu überzeugen, sie hinzuzufügen, oder Geld zu sammeln, um jemanden für die Umsetzung zu bezahlen). Wenn ich auf einen geschlossenen Bug im Issue-Tracker verweise, liegt das daran, dass ich den Fehler getestet habe und er – zum Zeitpunkt des Schreibens – in einer offiziellen bzw. unterstützten Version, die angeblich die Korrektur enthält, weiterhin auftritt.

Die mobile Nutzung ist bei den von mir betreuten Nutzer*innen hoch, daher war dies ebenfalls ein Auswahlkriterium. Nextcloud, Jellyfin und Wallabag verfügen über mobile Apps und Integrationen, die ich häufig verwende.

Die serverseitigen Befehle zur Verwaltung von Diensten sind standardisiert: Su wirst das Muster `dc SERVICE ACTION ARGS` immer wieder sehen.

9.1. Nextcloud: Dateisynchronisation und -Freigabe

Eine Steadfast Personal Cloud benötigt bequeme Dateifreigabe und Synchronisierung. Nextcloud ist aufgrund seiner Stabilität und Popularität eine ausgezeichnete Wahl. Das Selbst-Hosting kann entmutigend wirken, aber mario macht es einfach und sogar spaßig.

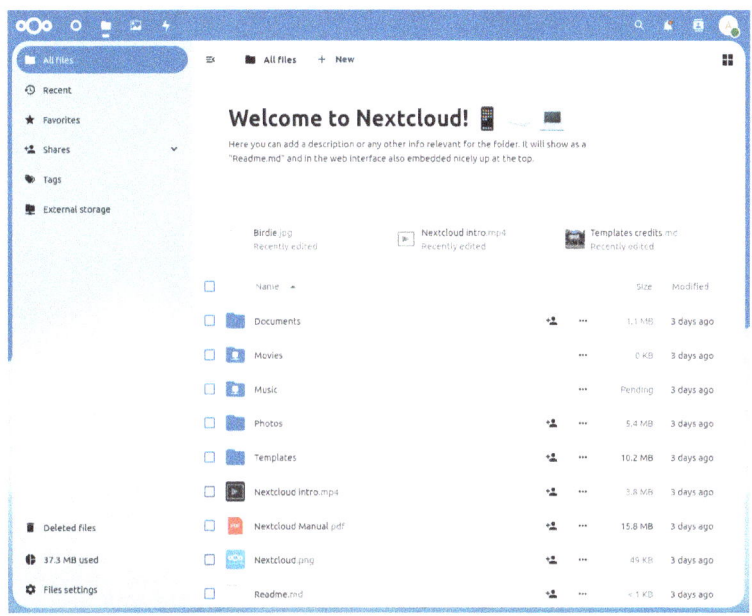

Abbildung 12. Nextcloud Files-App-Screenshot mit Dateien, Ordnern und Teilen-Schaltflächen.

Ein gut gepflegter Nextcloud-Server bietet eine solide Grundlage für das „De-Googlen". Nextcloud kann kostenlos selbst gehostet werden, wenn es über mario installiert wird. Sobald du Nextcloud zum Laufen gebracht hast, findest du unter Abschnitt 10.8, "Mehr zu Nextcloud" viele meiner Gedanken darüber, wie man es am besten anpasst.

9.1.1. Schnellstart

1. Provisioniere mit mario von deinem Admincomputer.
2. Starte Nextcloud mit `dc_nextcloud_up -d` auf deinem Server.

3. Rufe `https://cloud.example.com` auf deinem Admincomputer auf.

4. Folge der webbasierten Setup-Seite, um ein Admin-Konto zu erstellen.

5. Überspringe die Installation der empfohlenen Apps.

9.1.2. Wartungshinweise

Führe `dc nextcloud pull && dc nextcloud up -d` auf deinem Server aus, um die Nextcloud-Service-Container zu aktualisieren und zu ersetzen.

9.1.3. Probleme

Siehe [Abschnitt 10.8.12, "Verschiedene Probleme"](#).

9.2. Jellyfin: Audio- und Videostreaming

Jellyfin [https://jellyfin.org] ist ein persönlicher Streaming-Medienserver. mario richtet einen grundlegenden Jellyfin-Server ein.

Abbildung 13. Jellyfin-Screenshot mit Metadaten zu einem Film. Big Buck Bunny ist unter der Lizenz CC BY-3.0 von der Blender Foundation veröffentlicht.

9.2.1. Schnellstart

1. Provisioniere mit mario vom Admincomputer aus.
2. Starte Jellyfin mit `dc jellyfin up -d` auf dem Server.
3. Navigieren zu `https://jellyfin.example.com` auf dem Admincomputer.
4. Folgen den webbasierten Einrichtungsschritten.

Wenn du über eine Grafikprozessor verfügst, solltest du dir die Hardwarebeschleunigung ansehen [https://jellyfin.org/docs/general/administration/hardware-acceleration/]. Diese ist nützlich, wenn Videos nicht direkt von einem Client abgespielt werden können und daher schnell transkodiert werden müssen. Jellyfin kann zwar auch nur mit Hauptprozessor transkodieren, mit einem Grafikprozessor geht es aber deutlich schneller.

 Jellyfin kann auch bestimmte CPUs mit integrierter Hardware-Transkodierung nutzen, zum Beispiel Intel Quick Sync Video.

9.2.2. Wartungshinweise

Führe `dc jellyfin pull && dc jellyfin up -d` auf deinem Server aus, um den Jellyfin-Dienstcontainer zu aktualisieren und zu ersetzen.

9.2.3. Probleme

Hier sind einige Funktionen, die ich gerne in Jellyfin implementiert sehen würde.

Funktion: Geteilte Playlists

Playlists sind automatisch privat [https://github.com/jellyfin/jellyfin/issues/6264#issuecomment-1338518980]. Ich mag die Möglichkeit sie zu teilen [https://features.jellyfin.org/posts/173/share-playlists].

Funktion: Clips

Ich möchte oft einen bestimmten Teil eines Mediums teilen, anhören oder erneut ansehen. Es wäre großartig, wenn man Clips [https://features.jellyfin.org/posts/1036/bookmark-audio-video-segments] erstellen könnte, ohne tatsächlich neue Mediendateien erstellen zu müssen.

Funktion: Offline Medien mobil schauen

Ich möchte eine Jellyfin-Mobile-App, die Medien automatisch zwischenspeichert und Offline-Wiedergabe ermöglicht [https://features.jellyfin.org/posts/218/support-offline-mode-on-android-mobile].
   Workaround: Es gibt zwei separate Mobile-Apps, die Medien für die Offline-Wiedergabe herunterladen und zwischenspeichern können Finamp [https://github.com/jmshrv/finamp] für Musik und Findroid

[https://github.com/jarnedemeulemeester/findroid] für Videos.

9.2.4. Jellyfin-Medien mit Nextcloud verwalten

Jellyfin und Nextcloud laufen beide auf demselben Server. Du kannst diese Tatsache nutzen, um ihre individuellen Stärken als Dienste zu kombinieren, während sie auf denselben Daten arbeiten, der eine als Media-Streamer und der andere als Medien-Dateimanager. mario erstellt spezielle Musik- und Videoordner auf dem Server und stellt sie beiden Diensten zur Verfügung. Nextclouds „External Storages" ermöglicht es dir, Dateien in diese Ordner hochzuladen, und Jellyfin wird die hochgeladenen Dateien automatisch erkennen und das Streamen ermöglichen.

Nextclouds `compose.yml`-Datei hat den Eintrag `/data/shared/media/video:/data/video:rw` in Volumes. `/data/shared/media/video` ist der Pfad auf dem Server, der die eigentlichen Videodateien enthält, `/data/video` ist der Ort, an dem sie im Container erscheinen, und `rw` bedeutet, dass Nextcloud Lese- und Schreibzugriff auf dieses Volume hat. Es gibt einen weiteren ähnlichen Ordner für Musikdateien. Siehe Abschnitt 10.8.4, "Detaillierte Einrichtung", um zu erfahren, wie man sie in Nextcloud als „External Storages" hinzufügt.

In Jellyfins `compose.yml`-Datei findest du ähnliche Zeilen zum Hinzufügen von Musik- und Video-Volumes, aber mit `ro` (für Read-Only) statt `rw`. Jellyfin benötigt nur Lesezugriff auf die Ordner, um die darin enthaltenen Dateien streamen zu können.

Um die von Nextcloud verwalteten Mediendateien in Jellyfin anzuzeigen, füge zwei Medienbibliotheken hinzu:

1. Wähle den Inhaltstyp „Movies", klicke auf das „+"-Symbol neben „Folders" und wähle `/data/video`.
2. Wähle den Inhaltstyp „Music", klicke auf das „+"-Symbol neben „Folders" und wähle `/data/music`.

9.3. Wallabag: Artikel speichern und lesen

Wallabag [https://wallabag.org] speichert Artikel für offline Lesen ohne Ablenkungen.

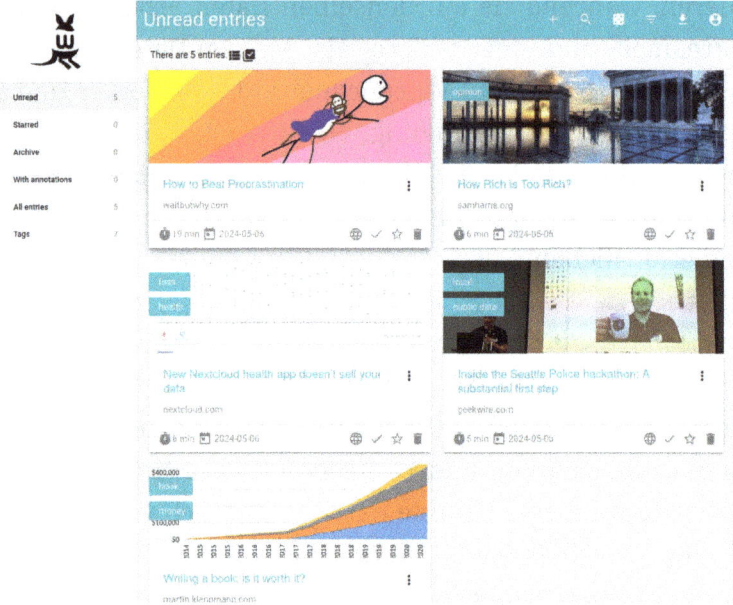

Abbildung 14. Wallabag screenshot der ungelesene Artikel in der Sammlung zeigt.

9.3.1. Schnellstart

1. Mit mario von deinem Admincomputer bereitstellen.
2. Starte Wallabag mit `dc wallabag up -d` auf deinem Server.
3. Gehe auf `https://wallabag.example.com` auf deinem Admincomputer.
4. Melde dich als Benutzer `wallabag` mit dem Passwort `wallabag` an.
5. Aktualisiere das Passwort für den Benutzer `wallabag`.

9.3.2. Wartungshinweise

Führe auf deinem Server `dc wallabag pull && dc wallabag up -d` aus, um die Wallabag-Dienstcontainer zu aktualisieren und zu ersetzen. Wenn Probleme auftreten, versuche, Datenbank-Upgrades manuell anzuwenden (siehe Abschnitt 9.3.3.1, "Bug: Upgrades machen alles kaputt").

9.3.3. Probleme

Hier ist ein Problem, das ich mit Wallabag habe, und eine Funktion, die ich mir wünsche.

Bug: Upgrades machen alles kaputt

Datenbankmigrationen werden nicht (immer?) automatisch angewandt [https://github.com/wallabag/wallabag/issues/6649]. Es könnte noch andere doppelte oder verwandte Bugberichte für dasselbe Problem geben, das ist nur ein Beispiel. Zum Glück kann man das Problem einfach umgehen [https://github.com/wallabag/docker#upgrading].

Wenden die Problemumgehung in einem mario system wie folgt an:

Listing 30. force Wallabag database migration (🐟 Server)

```
dc wallabag exec app /var/www/wallabag/bin/console \
    doctrine:migrations:migrate --env=prod --no-interaction
```

Der Befehl `exec` bedeutet, dass wir etwas in einem Container ausführen wollen. Dies führt das Dienstprogramm `console` im `app`-Service -Container aus. Die zweite Zeile gibt an, dass notwendige Datenbankmigrationen (Schema- und Datenaktualisierungen) mit den `prod`-Einstellungen ohne interaktive Eingabeaufforderungen ausgeführt werden sollen.

Dies ist idempotent, wie Datenbankmigrationen sein sollten. Nach dem ersten Durchlauf geben nachfolgende Durchläufe aus: `[OK] Already at the latest version`.

Es ist unklar, warum diese Migration nicht automatisch während eines Upgrades durchgeführt wird. Vielleicht ist sie nur in speziellen Fällen notwendig – ich musste sie in den letzten Jahren nur zweimal ausführen.

Funktion: Inhalte mit anderen Nutzern teilen

I möchte die Möglichkeit haben, Inhalte mit anderen Wallabag Nutzern in Rahmen des Wallabag programs zu teilen [https://github.com/wallabag/wallabag/issues/679].

9.4. Watchtower: Dienst-Updates

Watchtower ist praktisch, um Ihre Docker-Container auf dem neuesten Stand zu halten. Es erkennt und überprüft veraltete Container, lädt neue Images herunter und startet Dienste neu, um neue Container zu erstellen.

Wenn du niemals möchtest, dass Container automatisch aktualisiert werden, führe Watchtower nicht aus. Oder verwende die Konfigurationseinstellungen [https://containrrr.dev/watchtower/arguments/], um automatische Updates für bestimmte Container zu erlauben oder zu blockieren. mario verwendet zum Beispiel ein Container-Label, um zu verhindern, dass Watchtower Scratch aktualisiert.

9.4.1. Schnellstart

1. Provisioniere mit mario vom Admincomputer.
2. Starte Watchtower mit `dc watchtower up -d` von deinem server.

Ab jetzt läuft es im Hintergrund und aktualisiert Container automatisch, wann immer möglich – nach einem vernünftigen Zeitplan (standardmäßig alle 24 Stunden). Du kannst es getrost vergessen, bis es ausfällt (oder etwas anderes kaputtmacht).

9.4.2. Wartungshinweise

Führe auf deinem Server `dc watchtower pull && dc watchtower up -d` aus, um den Watchtower-Service-Container zu aktualisieren und zu ersetzen.

9.4.3. Probleme

Es [führt kein automatisches Rollback durch, wenn ein Container-Upgrade fehlschlägt](https://github.com/containrrr/watchtower/issues/90). Zugegeben, das wäre schwierig umzusetzen. Ein Dienst könnte zum Beispiel nur unidirektionale Datenbankmigrationen haben. Ich denke, die Watchtower-Maintainer haben die richtige Entscheidung getroffen, automatische Rollbacks wegzulassen (wahrscheinlich, um Watchtower einfach zu halten).

Es kann passieren, dass ein Dienst durch Watchtower beschädigt wird. Wenn du den Verdacht hast und weißt, wann der Dienst kaputtging, versuche dies mit den Upgrades in `dc watchtower logs` zu korrelieren. Ich vermeide das, indem ich Watchtower nur für nicht-kritische Dienste nutze. Zum Beispiel lasse ich Watchtower meinen Nextcloud-Dienst nicht automatisch upgraden.

9.5. Scratch: visuelle Programmierung

Scratch ist eine beliebte und sehr zugängliche visuelle Programmiersprache, die auf interaktive Multimedia-Anwendungen und Lernen ausgelegt ist. Die bekannteste öffentliche Online-Version [https://scratch.mit.edu] bietet Teilen, Studios, Kommentare, Sterne, Herzen, endlose Memes und Spiele. Diese „sozialen" Funktionen können genau das sein, was ein Nutzer will/benötigt (z.B. ein bestehendes Projekt remixen und daraus lernen), oder sie können einen Nutzer unbeabsichtigt von produktiver Erstellung hin zu gedankenlosem Konsum umleiten (z.B. Doomscrolling).

Hier kommt deine neue Steadfast-Macht ins Spiel: Scratch kann selbst gehostet werden, ohne die sozialen Funktionen. Tatsächlich ist das die einfachste Art, es selbst zu hosten. Dies ist eine großartige Option, wenn deine Nutzer sich auf das Erstellen in Scratch konzentrieren und persönlich sozial interagieren möchten. 😊

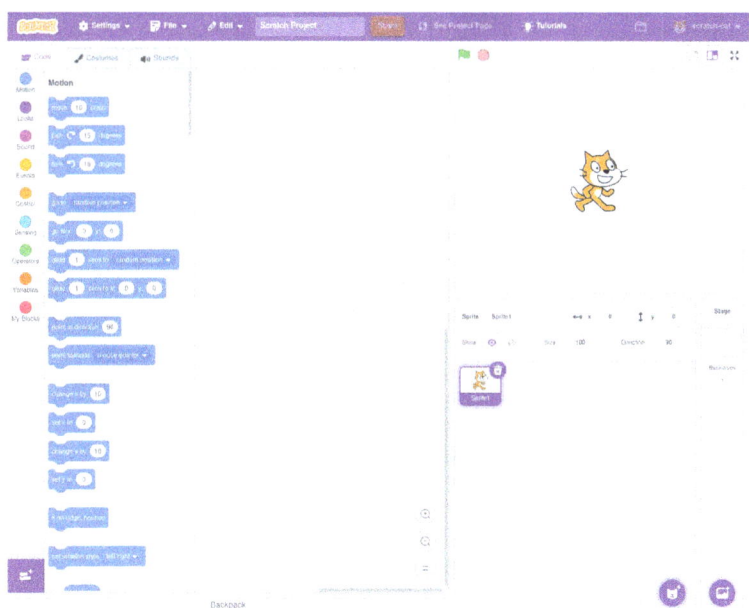

Abbildung 15. Scratch Screenshot eines neuen Projektes.

Scratch benötigt keine persistenten Daten, keine Einrichtung und keine Authentifizierung.

9.5.1. Schnellstart

1. Mit mario vom Admincomputer bereitstellen.
2. Scratch auf deinem Server mit `dc scratch up -d` starten.
3. Auf deinem Admincomputer zu `https://scratch.example.com` navigieren.

9.5.2. Wartungshinweise

Scratch verwendet ein benutzerdefiniertes Docker-Image, daher ist der Upgrade-Prozess deutlich komplexer als bei anderen Diensten. Öffne zunächst das Scratch-`custom/Dockerfile` auf deinem Admincomputer. Dieses `Dockerfile` befindet sich in einem Unterordner von `mario/ansible` im mario-Quellcode.

Wenn du das Image auf einer neueren Version von Node.js basieren lassen willst, besuche die Node.js-Seite auf Docker Hub [https://hub.docker.com/_/node] und wähle eine Version für die `FROM`-Zeile im `Dockerfile`. Wenn du Scratch aktualisieren möchtest, besuche die Releases-Seite [https://github.com/scratchfoundation/scratch-gui/releases] und wähle eine Version für `SCRATCH_VERSION` im `Dockerfile`.

Führe `provision.sh` erneut auf dem Admincomputer aus. Baue das Image auf dem Server mit `dc scratch build --pull` neu. Schließlich ersetze den Scratch-Dienstcontainer, indem du `dc scratch up -d` auf dem Server ausführst.

Kapitel 10. Wie geht's weiter?

An diesem Punkt gehe ich davon aus, dass dein Server läuft und bereits einige Dienste eingerichtet sind. Hier findest du ein paar Ideen, was du als Nächstes ausprobieren kannst.

10.1. Mehr erfahren

Wenn dir dieses Buch gefällt und du mehr lernen und ausprobieren willst – mach es. Reite die Welle der Inspiration. Suche sowohl nach Breite als auch nach Tiefe.

Für die Breite solltest du nach einem umfassenden Buch über Linux Ausschau halten, denn mario setzt Linux voraus, und ein besseres Verständnis von Linux hilft dir, deinen Server mit mehr Sicherheit anzupassen. Es gibt keine spezifischen Abhängigkeiten von Ubuntu, aber Ubuntu ist die einzige Linux-Variante, mit der mario zum Zeitpunkt des Schreibens ausführlich getestet wurde.

Eines meiner ersten Käufe, als ich Linux endlich „verstehen" wollte, war _UNIX: The Complete Reference, ein tausendseitiges Monstrum, das viele, viele Konzepte abdeckt. Ich habe es in Abschnitten durchgearbeitet, oft als Nachschlagewerk benutzt, und niemals von vorne bis hinten gelesen. Wenn ich heute noch einmal von Grund auf lernen würde, hätte ich immer noch ein solches Buch zur Hand –

zusätzlich zu Online-Ressourcen und Experimenten zu Hause.

Für tieferes Wissen, tauche in die Grundlagen ein. Lerne, wie ein Computer funktioniert. Gehe über Abstraktionen hinaus und arbeite dich Schritt für Schritt zu den ersten Prinzipien vor. Besuche eine Informatik-Vorlesung in einem Bereich, der etwas unterstützt, das du ohnehin tun möchtest. Wenn du z.B. deine eigenen Webdienste programmieren willst, nimm an einer Veranstaltung zur Webprogrammierung teil. Wenn du verstehen möchtest, wie Quellcode den Computer dazu bringt, Dinge zu tun, belege eine Vorlesung über Compiler.

Arbeite dieses Buch in einem Kurs oder einer kleinen Lerngruppe durch. Siehe Kapitel 12, *Diskussionsthemen* und Kapitel 13, *Übungen*.

Beteilige dich an FOSS-Gemeinschaften, um von anderen zu lernen und Wissen weiterzugeben. Gib das Gelernte weiter. Melde einen Bug. Schreibe in einem Forum. Es macht Spaß!

Konferenzen wie SeaGL [https://seagl.org] bringen kluge Köpfe zu vielen Themen zusammen, auch zum Thema Self-Hosting. Wenn du etwas Cooles gemacht hast, teile es!

10.2. Nutze einen Grafikprozessor

Ein Grafikprozessor ermöglicht effizienteres Videotranscoding mit Jellyfin, reduziert die Hauptprozessor-Auslastung des Servers und beschleunigt das Videostreaming über das Internet.

Auch ein FOSS-Sprachassistent würde von einem Grafikprozessor profitieren.

Eine Grafikprozessor kann außerdem Videotranscoding und Gesichtserkennung beschleunigen.

Moderne generative KI-Workloads wie Chat mit großen Sprachmodellen oder Bildgenerierung laufen mit einem Grafikprozessor deutlich schneller.

10.3. KI

KI ist mal wieder der letzte Schrei. Man kann seine eigenen Bildgeneratoren und LLMs (Large Language Models) zu Hause laufen lassen. Dafür ist keine Grafikprozessor nötig. Hier ist ein `compose.yml`, das mit mario funktioniert, um LocalAI [https://localai.io] zu nutzen.

Listing 31. Beispiel der LocalAI Dienst Konfiguration

```
services:
  api:
    image: localai/localai:latest
    volumes:
      - /data/localai/models:/models:cached
    labels:
      traefik.enable: true
      traefik.http.routers.localai-https.entrypoints: websecure
      traefik.http.routers.localai-https.rule: Host(`localai.example.com`)
      traefik.http.routers.localai-https.tls.certresolver: myresolver
      traefik.http.routers.localai-https.middlewares: lan-only
    networks:
      - traefik_default
    restart: unless-stopped
networks:
  traefik_default:
    external: true
```

Beachte das Middleware-Setup, um nur Traffic aus deinem LAN zuzulassen. Dabei wird angenommen, dass dein LAN Adressen im Bereich 192.168.1.* nutzt. Außerdem wird ein entsprechendes Label am Traefik-Container erwartet, um die Middleware einzurichten, zum Beispiel:

Listing 32. label from Traefik configuration allowing only LAN access

```
traefik.http.middlewares.lan-only.ipallowlist.sourcerange: 192.168.1.0/24
```

 Nutze mario um deinen LocalAI Dienst bereitzustellen.

Siehe die LocalAI-Dokumentation [https://localai.io] für weitere Hilfe beim Einrichten. Sobald das läuft, kannst du die Nextcloud-AI-Integrations-App [https://apps.nextcloud.com/apps/integration_openai] als praktisches Frontend nutzen.

10.4. Pi-hole

Ein Pi-hole [https://pi-hole.net]-Dienst im LAN hilft, Werbung, Tracker und bösartige Akteure mithilfe von DNS-Blocklisten zu blockieren.

Clients (Laptops, Handys usw.) im Netzwerk verwenden den Pi-hole als ihren DNS-Server, meist über die automatische DHCP- (Dynamic Host Configuration Protocol) Konfiguration durch den Router oder durch Pi-hole selbst (falls Pi-hole als DHCP-Server genutzt wird).

Der Pi-hole übersetzt Domainnamen in IP-Adressen. Wenn ein Domainname auf einer Blockliste steht, liefert er eine falsche IP-Adresse wie 0.0.0.0 zurück.

Die Technik ist nicht perfekt, aber einfach und wirkungsvoll.

Mein Pi-hole-Server sitzt zwischen dem DNS-Server meines Routers und allen Clients.

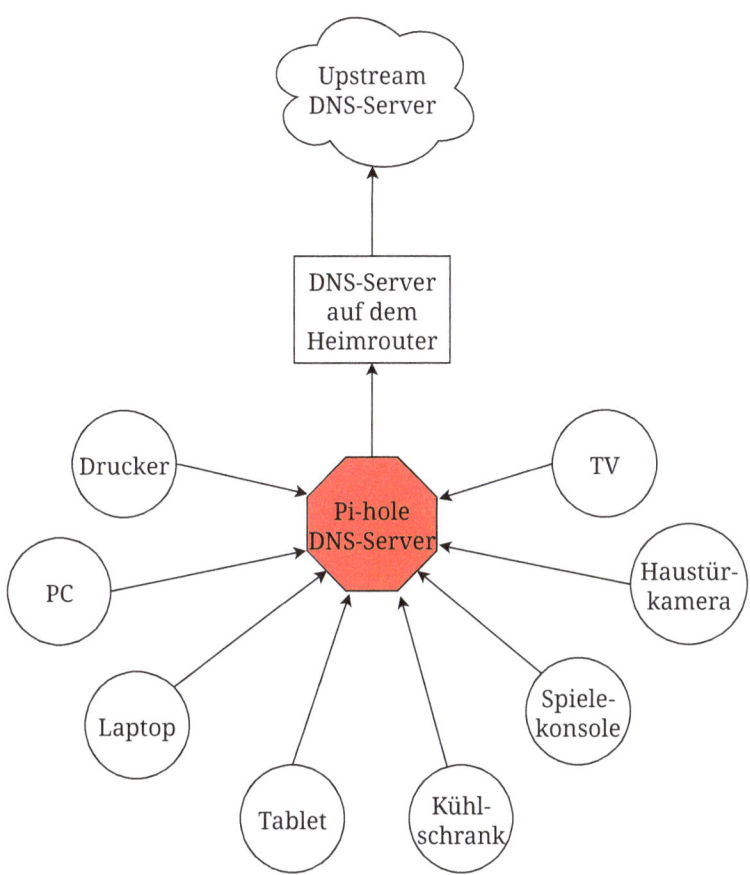

Abbildung 16. Pi-hole DNS-Verkehrsflussdiagramm.

Abfragen für Domainnamen, die auf keiner Blockliste stehen, werden direkt beantwortet oder nach „oben" weitergeleitet. Ich habe meinen Pi-hole so eingerichtet, dass er Anfragen an meinen Heimrouter weitergibt, der seinerseits bei Bedarf einen DNS-Server außerhalb meines LAN befragt.

Es ist einfach, einzelne Domainnamen oder ganze Listen nach Bedarf zu blockieren. Ich habe das als eine Art „Impuls-Blocker" genutzt, um den Kindern während des Fernunterrichts Ablenkungen zu ersparen.

Der Pi-hole verwaltet außerdem eine Liste lokaler DNS-Einträge. Ich füge dort ein paar Domainnamen für Server innerhalb meines LAN hinzu.

Beachte, dass manche Clients standardmäßig einen automatisch konfigurierten DNS-Server wie Pi-hole umgehen. Ein Beispiel ist DNS anstatt HTTPS in Firefox [https://support.mozilla.org/kb/firefox-dns-over-https].

10.5. Einmalanmeldung

Es wäre für Nutzer*innen sehr praktisch, sich nur einmal einloggen zu müssen, um Zugriff auf alle selbstgehosteten Dienste über einen gemeinsamen, konsistenten und gut gestalteten Mechanismus zu erhalten (Single Sign-On). Für Systemadministratoren wäre es ebenso hilfreich, alle Nutzer*innen und Gruppen zentral an einer Stelle verwalten zu können (zentrale Identitätsverwaltung).

Authentik [https://goauthentik.io] ist ein Dienst, der dies bereitstellt und offenbar alle gewünschten Funktionen bietet (Einmalanmeldung, eigene Benutzerdatenbank, Integration mit allen meinen selbstgehosteten Diensten). Ich möchte ihn ausprobieren und über eine Weile stabil laufen sehen, bevor ich ihn in mario aufnehme.

Einige der anderen in Abschnitt 11.2, "Alternativen zu mario" erwähnten Self-Hosting-Lösungen beinhalten bereits FOSS-Lösungen für zentrale Identitätsverwaltung.

10.6. Erzwinge SSH-Authentifizierung mit öffentlichem Schlüssel

Manche Systemadministratoren entscheiden sich dafür, für SSH-Logins ausschließlich die Authentifizierung mit öffentlichen Schlüsseln zuzulassen. Ich denke, dass das eine gute Idee ist [https://security.stackexchange.com/q/3887], wollte es dir aber nicht aufzwingen und habe es deshalb nicht in mario integriert. Ich nutze dies hier als Gelegenheit, dir zu zeigen, wie man mario erweitert. Füge diese Ansible-Task zu `roles/base/tasks/main.yml` hinzu:

Listing 33. erzwinge SSH-Authentifizierung mit öffentlichem Schlüssel (🏠 Admincomputer)

```
# This does not affect logging in from a console (e.g. directly connected
```

```yaml
  # keyboard and monitor, or a virtual console).
  - name: Disable tunneled clear text passwords
    copy:
      src: pka-only.conf
      dest: /etc/ssh/sshd_config.d/
      owner: root
      group: root
      mode: 0400
    notify:
      - restart sshd
```

Füge dies zu `roles/base/handlers/main.yml` hinzu:

Listing 34. Ansible handler to restart SSH (🏠 Admincomputer)

```yaml
- name: restart sshd
  service:
    name: sshd.service
    state: restarted
```

Erschaffe `roles/base/files/pka-only.conf` mit:

Listing 35. SSH server config lines (🏠 Admincomputer)

```
PasswordAuthentication no
AuthenticationMethods publickey
```

Führe abschließend `provision.sh` erneut aus. Ab jetzt erfordert dein Server für SSH-Logins die Authentifizierung per öffentlichem Schlüssel

10.7. Erlaube Wan-Zugriff

mario blockiert WAN-Zugriff automatisch. Lese Abschnitt 6.2, "Digitale Sicherheit" und entscheide, ob du diese Funktion möchtest oder nicht. Du kannst diesen Schutz entfernen, indem du das `lan-only` Middleware aus dem entsprechenden Traefik-Label des Routers entfernst. Um zum Beispiel WAN-Zugriff auf Nextcloud zu ermöglichen, nimm diese Änderung in der `compose.yml` von Nextcloud vor:

Listing 36. patch for Wan-Zugriff to Nextcloud (🏠 Admincomputer)

```
- traefik.http.routers.nc-https.middlewares=nc-head,nc-redir,lan-only
+ traefik.http.routers.nc-https.middlewares=nc-head,nc-redir
```

Bei Jellyfin kannst du ebenfalls die gesamte Zeile mit dem Verweis auf das `lan-only` Middleware in der `compose.yml` von Jellyfin löschen, wenn du diesen Dienst in deinem WAN verfügbar machen möchtest.

10.8. Mehr zu Nextcloud

Nextcloud ist ein zentraler Bestandteil meines Self-Hosting-Setups. Ich wollte viele zusätzliche Details einfügen, ohne Kapitel 9, *Dienste* zu überladen, daher findest du diese zusätzlichen Abschnitte hier.

10.8.1. Grundinstallierung

Eine grundlegende (Standard-, nicht angepasste) Nextcloud-Installation bietet Fernspeicherung, -Organisation und -Freigabe von Dateien. Sie verwaltet die tatsächlichen Dateien und Ordner, die irgendwo gespeichert sind (lokal, remote, in der Cloud, wo auch immer), und verfolgt zusätzliche Metadaten über diese Dateien und Ordner in einer Datenbank. Du greifst über einen Webbrowser darauf zu, und es gibt einen Desktop-Client, um Dateien lokal zu synchronisieren – ähnlich wie bei Dropbox, Google Drive und OneDrive.

Ich habe angefangen, der Dateisynchronisation mit der Nextcloud-Desktop-App wirklich zu vertrauen. Wenn ich ein Häkchen in meiner Desktop-App sehe, weiß ich, dass alles ordnungsgemäß mit dem Server synchronisiert ist. Ich erstelle und bearbeite ständig Inhalte lokal und verlasse mich darauf, dass die Synchronisierung funktioniert (normalerweise auf meinem Desktop-Computer) oder erstelle und bearbeite Inhalte direkt in Nextcloud über die Web-Oberfläche.

Es gibt auch Apps für mobile Geräte. Darauf komme ich in den folgenden Abschnitten noch einmal zurück.

10.8.2. Objektspeicher

Nextcloud kann Objektspeicher für die primäre Datenspeicherung verwenden. Dies ist ein fortgeschrittenes Thema, das als Übung für den Leser gedacht ist. Ich gehe von einer primären Speicherung auf einer lokalen Festplatte aus, die von mario eingerichtet wurde.

10.8.3. Sicherheit

Eine grundlegende Nextcloud-Installation scheint über eine hervorragende Sicherheit zu verfügen. Der Quellcode wird intensiv genutzt und wird von einem soliden Unternehmen unterstützt, dessen Ruf von seinem Engagement für Sicherheit abhängt. Sie machen es einfach, alles abzusichern und zu überprüfen (es ist schließlich FOSS). Die Standardeinstellungen scheinen sicher zu sein. Sie befolgen bewährte Methoden. Sie haben ein öffentliches Bug-Bounty-Programm und ein Bedrohungsmodell.

10.8.4. Detaillierte Einrichtung

Um die Reproduzierbarkeit deines Nextcloud-Servers zu bestätigen, zerstöre ihn und erstelle ihn erneut (bevor du ihn wirklich verwendest). Nachdem du ihn einmal zum Laufen gebracht hast, stoppe ihn mit `dc nextcloud down`. Zerstöre alle persistenten Daten mit `sudo rm -rf /data/nextcloud`. Das löscht wirklich alles. Stelle mit mario neu bereit (führe `provision.sh` erneut aus). Folge erneut den Einrichtungsschritten, siehe Abschnitt 9.1.1, "Schnellstart".

Lese das offizielle Docs unter `/settings/help` oder docs.nextcloud.com.

Füge Apps unter `/settings/apps` hinzu. Siehe Abschnitt 10.8.7, "Anpassung" für Tipps, wie man Apps sinnvoll einführt und welche sich lohnen.

Teste die Konfiguration eines Mailservers und das Versenden einer E-Mail unter `/settings/admin` (Basiseinstellungen).

Füge Benutzer unter `/settings/users` hinzu.

Prüfe die Protokolle aller Container, die zu Nextcloud gehören, mit

```
dc nextcloud logs -f.
```

Überprüfe die internen Nextcloud-Protokolle unter `/settings/admin/logging` in der Web-UI oder unter `/data/nextcloud/root/data/nextcloud.log` auf dem Server. Diese enthalten spezifische interne Servermeldungen von Nextcloud und sind für mich oft nützlicher als die Container-Protokolle.

Wenn du unter `/settings/admin/logging` eine Warnung wie „1 error in the logs since DATE" (oder vielleicht ein paar) siehst, kannst du sie wahrscheinlich ignorieren. Diese anfänglichen Protokollfehler scheinen harmlos zu sein, möglicherweise verursacht durch Race-Conditions während der Installation. Es ist trotzdem eine gute Idee, alle protokollierten Fehler zu überprüfen.

Überprüfe „Sicherheits- & Einrichtungswarnungen" unter `/settings/admin/overview`. Du kannst die Warnung „Could not check for JavaScript support. Please check manually if your webserver serves .mjs files using the JavaScript MIME type." ignorieren, wenn dies auf deinem Admincomputer erfolgreich ist:

Listing 37. JavaScript fetch test (🏠 Admincomputer)

```
curl -I https://cloud.example.com/apps/settings/js/esm-test.mjs
```

Die Warnung tritt auf, weil der Nextcloud-app-Container [bei einem Test fehlschlägt](https://github.com/nextcloud/server/issues/42989), bei dem versucht wird, eine JavaScript-Testdatei anzufordern – vermutlich aufgrund eines DNS-Problems. Um dies zu beheben, muss die Anfrage innerhalb des Nextcloud-app-Containers erfolgreich sein.

Mit anderen Worten: Folgendes muss erfolgreich sein (einen erfolgreichen HTTP-Response-Code zurückgeben und den Header `content-type: text/javascript` enthalten):

Listing 38. JavaScript fetch test (🖥 Server)

```
dc nextcloud exec app \
  curl -I https://cloud.example.com/apps/settings/js/esm-test.mjs
```

Einige Wartungsarbeiten erfordern das tool `occ` (kurz für „ownCloud command"). Führe es mit `dc nextcloud exec --user www-data app php occ` aus.

Füge `/data/video` als externen Speicher hinzu. Medien, die dort hochgeladen werden, erscheinen automatisch in Jellyfin. Besuche zuerst `/settings/apps/featured` und installiere die App „External storage support". Besuche anschließend `/settings/admin/externalstorages` und installiere die App „External storage support".

- Ordnername: Video
- Externer Speicher: Local
- Authentifizierung: None
- Konfiguration: `/data/video`
- Lege Benutzer, Vorschauen, Freigaben und die restlichen Optionen nach Wunsch fest.

Füge `/data/music` als externen Speicher hinzu; ähnlich wie bei `/data/video`.

10.8.5. Weitere Wartungstipps

Besuche regelmäßig `/settings/admin/overview`, um nach System- und Sicherheitsproblemen zu suchen, die möglicherweise manuelles Eingreifen erfordern. Führe alle auf dieser Seite empfohlenen Wartungsmaßnahmen durch. Ignoriere den Abschnitt „Update", er kann von Docker Hub abweichen. Besuche regelmäßig `/settings/admin/logging`, um alle serverseitigen Protokollmeldungen zu überprüfen.

Das Ausführen von `dc nextcloud pull && dc nextcloud up -d` (auf dem Server) lädt das neueste Image von github.com/nextcloud/docker mit dem `stable`-Release-Tag herunter. Die Verwendung dieses Tags ist für dich und deine Nutzer*innen wahrscheinlich stabil genug. `stable` entspricht im Allgemeinen der Version, die unter docs.nextcloud.com/ als *previous* bezeichnet wird.

Man kann die Nextcloud auf eine spezifischere Version wie 27.1.5-

apache „fixieren". Das gibt einem die Möglichkeit, jedes Upgrade zu überprüfen und zu testen. Du kannst einen Release-Tag in der compose.yml von Nextcloud festlegen, indem du dort, wo der Image-Name erscheint, einfach stable durch den gewünschten Tag ersetzen. Alle verfügbaren Tags sind auf Docker Hub aufgelistet [https://hub.docker.com/_/nextcloud].

Die Blogposts und Marketingmaterialien von Nextcloud verwenden andere Versionsnamen als die Release-Versionen aus dem Quellcode. „Hub 6" im Blog bezieht sich auf Versionen 27._._ im Quellcode, „Hub 7" auf 28._._ und so weiter.

Veröffentlichungsrhythmus

Eine Hauptversion wird alle vier Monate veröffentlicht [https://docs.nextcloud.com/server/stable/admin_manual/release_schedule.html].
Die Nextcloud-Apps, die für mich wichtig sind, scheinen mit diesem Tempo Schritt zu halten, aber es kommt mir etwas ehrgeizig vor. Entwickler müssen ihre Apps bei jeder Version zumindest leicht anpassen, oder stark, wenn es zu API-Änderungen kommt, die nicht abwärtskompatibel sind. Zum Glück dokumentiert das Nextcloud-Team Änderungen sorgfältig [https://help.nextcloud.com/t/new-process-for-documenting-core-code-changes-that-affect-app-developers/149828/1], um die Wartung der Apps für Entwickler zu erleichtern.

Als *Steadfast*-Sysadmin solltest du unbedingt vor einem Upgrade von Nextcloud die Seite /settings/admin/overview prüfen, um sicherzustellen, dass alle von dir genutzten Apps mit der neuen Version kompatibel sind. Du kannst eine veraltete App mit der Option „Nicht getestete App aktivieren" unter /settings/apps trotzdem freischalten. Manchmal funktioniert das.

Da mir vier Monate wie ein kurzer Zeitraum für Hauptversionen vorkamen, habe ich dazu einen Thread gestartet [https://help.nextcloud.com/t/major-release-cadence/161685]. Prüfe den Wartungs- und Veröffentlichungsplan [https://github.com/nextcloud/server/wiki/Maintenance-and-Release-Schedule], um sicherzustellen, dass deine aktuelle Version noch unterstützt wird.

10.8.6. Performance

Wenn du mario verwendest, um Nextcloud bereitzustellen, startest du mit einem nominal leistungsfähigen Server, der für eine kleine Anzahl von Nutzern geeignet ist – vorausgesetzt, du hast ausreichende Hardware-Ressourcen. mario enthält eine vom Autor geprüfte Auswahl der empfohlenen Server-Tuning-Schritte [https://docs.nextcloud.com/server/stable/admin_manual/installation/server_tuning.html].

In all den Jahren, in denen ich Nextcloud gehostet habe, hatte ich nur ein einziges Performance-Problem (Toi, toi, toi!), das ich hier erwähnen möchte. Ich bemerkte langsame Webanfragen zusammen mit viel Datenbankaktivität [https://github.com/nextcloud/server/issues/35311]. Dadurch musste ich mich eine Weile intensiver mit MariaDB beschäftigen. Die Ursache wurde inzwischen behoben [https://github.com/nextcloud/server/pull/33540], sodass dies für neue Installationen kein Problem mehr darstellt.

10.8.7. Anpassung

Nextcloud kann entweder so verwendet werden, wie es ist (siehe Abschnitt 10.8.1, "Grundinstallierung"), oder stark angepasst werden. Der einfachste und sicherste Weg zur Anpassung ist die Installation einer App aus dem integrierten App-Store (`/settings/apps`), besonders wenn eine App als „featured" markiert ist. Diese Nextcloud-Apps werden auf dem Server installiert und erweitern die Funktionalität einer Basis-Nextcloud-Instanz.

Hier sind einige Nextcloud-Apps, die ich ausprobiert habe, was sie tun und eine Einschätzung, ob sie einen Versuch wert sind. Interpretiere „Lohnt es sich?" hier eher als: „Adam hat diese App vielleicht ausprobiert und teilt seine Meinung darüber, ob andere es lohnenswert finden könnten, sich die Mühe zu machen, sie zu erlernen und zu pflegen. Diese Einschätzung basiert auf seinen eigenen Erfahrungen, die möglicherweise nicht ganz zu deinen Anwendungsfällen passen." Mit anderen Worten: Mit Vorsicht genießen. Im Zweifelsfall: klein anfangen (Standard-Nextcloud-Installation) und neue Apps nur behutsam und durchdacht einführen.

Tabelle 4. Kommentare zu Nextcloud Apps

Nextcloud App	Verwendungszweck	Lohnt es sich?
Antivirus for files	Virenscan der Uploads	**Ja**. Note: Von Desktop Clients hochgeladene Dateien werden nicht auf Viren durchsucht [https://github.com/nextcloud/files_antivirus/issues/219].
Analytics	Metriken erfassen und grafisch darstellen	**Ja**. Aber nur für kleine/einfache Anwendungen
Appointments	Einfache Terminplanung durch Drittanbieter	**Ja**. Erfordert sorgfältige Kalenderpflege. Etwas kompliziertes Setup.
Calendar	Termine und Meetings verwalten	**Ja**. Siehe auch: Abschnitt 10.8.12.7, "Fehlerhafte Aktualisierungsbenachrichtigungen für Termine".
Circles	Benutzer beliebig gruppieren	**Keine Meinung**. Ich habe nicht genügend Nutzer um diese App zu rechtfertigen.
Collectives	Wiki oder Wissensdatenbank	**Vielleicht**. Scheint nützlich, um zusammenhängende Dokumente zu organisieren. Erfordert Circles.

Nextcloud App	Verwendungszweck	Lohnt es sich?
Cookbook	Rezepte verwalten	**Ja**. Kann gut von Webseiten importieren, (dank der standardisierten Rezeptdaten, die bereits im HTML-Quelltext vorhanden sind). Ich wünschte, es könnte besser drucken/exportieren.
Contacts	Adressbuch	**Ja**.
Dashboard	Startseite	**Nein**. Ich gehe lieber direkt zu meinen Dateien.
Deck	Kanban-Board	**Keine Meinung**. Ich habe es ein bisschen ausprobiert und es hat funktionier, aber ich nutze Kanban einfach nicht oft.
Draw.io	Diagramm-Editor	**Ja**.
Duplicate Finder	Doppelte Dateien finden und löschen	**Nein**. Langsam und undurchsichtig. Ich empfehle stattdessen rdfind [https://github.com/pauldreik/rdfind].
Electronic Signatures	Elektronische Signaturen	**Nein**. Erfordert extrene Dienste. Ich bevorzuge gezeichnete Unterschriften. Siehe Abschnitt 10.8.12.5, "Gezeichnete Unterschriften in Formularen".

Nextcloud App	Verwendungszweck	Lohnt es sich?
End-to-End Encryption	Verschlüsselt Dateien auf Seiten des Servers, entschlüsselt sie beim Client	**Nein**. Nervenaufreibend fehleranfällig. Verwirrend. Siehe Abschnitt 10.8.13, "Ende-zu-Ende-Verschlüsselung".
Files	Dateiverwaltung und -freigabe	**Ja**, aber das „Versions"-Tab ist nicht wirklich hilfreich.
Forms	Alternative zu Google Forms	**Ja**.
Full text search	Volltextsuche durch alle Dokumente	**Vielleicht**. Schnell. Fehleranfällig. Wahrscheinlich ein inaktives Projekt. Siehe Abschnitt 10.8.8, "Volltextsuche".
Holiday Calendars	Öffentliche Feiertage einfach hinzufügen	**Ja**. Die Konfiguration für diese App erscheint bei mir unter ‚Persönlich' → ‚Verfügbarkeit', nicht unter ‚Groupware' (obwohl die URL `/settings/user/groupware` lautet).
Maps	Karten und Navigation	**Ja**. Mache dir eine Tasse Tee solltest du viele Fotos mit GPS-Koordinaten haben.
Mail	Email	**Keine Meinung**. Ich habe es kurzzeitig ausprobiert aber es ist an meinen abermillionen von Gmail Nachrichten erstickt. Und ja, eines Tages möchte ich von Gmail weg.
Memories	Fotos	**Ja**. Benötigt Photos.

Nextcloud App	Verwendungszweck	Lohnt es sich?
News	Verfolge Blogs & Nachrichten über RSS/Atom-Feeds	**Ja**.
Nextcloud Office	Berarbeite Tabellen, Präsentationen, usw.	**Ja**. Ich finde es nicht super, brauche es aber. Vielleicht ist das ein „Nein"? Mobile-Apps hierfür sind schrecklich. Siehe Abschnitt 10.8.11, "Nextcloud Office".
Notes	Einfache Notizen mit Markdown	**Ja**. Es gibt eine grossartige Mobile-App. Hat Google Notes für mich ersetzt.
Passwords	Passwortmanager	**Nein**. Inaktiv.
PhoneTrack	Standorte teile und verfolgen	**Ja**. Die Benutzeroberfläche ist reich an Funktionen und kompliziert. Die Fortbewegungslininen sind cool.
Photos	Fotos, irgenwie	**Nein**. Langsam, schwerfällig, im Vergleich zu anderen FOSS Fotomanagern fehlen Funtionen. Nutze stattdessen Memories. Beachte dass Memories von Photos abhängig ist.
Polls	Einfache Umfragen	**Ja**.
Ransomware protection	Warnt beim Hochladen vor gefährlichen Dateinamen	**Nein**. Zu viele Fehlalarme. Nicht gepflegt.

Nextcloud App	Verwendungszweck	Lohnt es sich?
Recognize	Gesichtserkennung	**Nein.**
Suspicious login	Warnt vor verdächtigen IPs	**Nein.** Zu viele Fehlalarme.
Tasks	Aufgaben/To-Do's	**Ja.**
Tables	Tabellarische Dateneingabe	**Nein.** Noch nicht bereit, könnte aber eine potenziell starke und nützliche Low-Code Plattform werden.
Talk	Video- und Textchat	**Nein.** Funtioniert, aber nicht so gut wie andere Video- und Textchat Dienste/Apps. Ich nutze es jedoch für mein Hühner-Sicherheitssystem und sehe, dass es sich mit jeder Verion stark verbessert. Im Moment empfehle ich Signal [https://signal.org].
Temporary files lock	Verhindert Bearbeitungskonflikte	**Ja.**

Nextcloud App	Verwendungszweck	Lohnt es sich?
Text	Bearbeite Textdokumente	**Ja**. Ich bin großer Fan von reinen Markdown Textdokumenten, und Nextcloud kann gut mit diesen umgehen. Es hat einen guten webbasierten collaborativen Editor. Ich füge gerne Rich-Text in den Editor ein und lasse ihn den Text automatisch in Markdown umschreiben. Siehe auch: Abschnitt 10.8.12.2, "Mobile Textbearbeitung ist schwierig" und Abschnitt 10.8.12.4, "Fehlerhafte Konflikte im Web-Texteditor".
Video converter	Video-Transkodierung	**Nein**. Coole Idee aber das Projekt scheint inaktiv.

10.8.8. Volltextsuche

Diese App ermöglicht es, den gesamten Inhalt aller Dokumente auf deinem Server zu durchsuchen. Die Suchsyntax ist schwer korrekt anzuwenden. Sie nutzt sehr viel Hauptprozessorkapazität [https://github.com/nextcloud/fulltextsearch/issues/601] und benötigt auch viel Speicher.

Die GitHub-Projekt-Repositories sind ziemlich ruhig. Siehe:

- github.com/nextcloud/fulltextsearch/pulse
- github.com/nextcloud/files_fulltextsearch/pulse
- github.com/nextcloud/fulltextsearch_elasticsearch/pulse

10.8.9. Mobile

Nextcloud funktioniert gut als Backend für ein mobiles Gerät. Es kann deine einzige verlässliche „Quelle der Wahrheit" für Kontakte, Kalender, Aufgaben und fast alles andere sein, was auf dem Handy wichtig ist. Du kannst Dateien öffnen und bearbeiten, aber die Benutzeroberfläche/UX ist schlecht. Siehe Abschnitt 10.8.12.2, "Mobile Textbearbeitung ist schwierig" für ein paar Problemumgehungen.

Neben der primären mobilen App (einfach „Nextcloud" genannt) gibt es weitere mobile Apps, die mit Nextcloud-Apps zusammenarbeiten. Hier sind die, die ich empfehle. Ich habe kein iPhone, daher handelt es sich nur um Android-Apps.

Tabelle 5. Nextcloud Mobile-App Empfehlungen

Mobile-App	Funtioniert mit diesen Nextcloud Apps	Weitere Infos
DAVx5	Calendar, Contacts, Tasks	davx5.com
Maps Geofavorites	Maps	github.com/penguin86/nextcloud-maps-client
NC Passwords	Passwords	gitlab.com/joleaf/nc-passwords-app
Nextcloud Cookbook	Cookbook	github.com/nextcloud/cookbook
Notes	Files, Notes, Text	github.com/nextcloud/notes-android
OpenTasks	Tasks	github.com/dmfs/opentasks
Nextcloud Talk	Talk	apps.nextcloud.com/apps/spreed

Android-Geräte werden in der Regel mit Groupware-Apps (Kalender und Kontakte) ausgeliefert, oder du kannst deine bevorzugten Apps installieren. DAVx5 übernimmt die Synchronisierung von Groupware-

Daten zwischen deinem Gerät und dem Server. DAVx5 ist nur auf Android erforderlich, vermutlich weil iOS besseren nativen WebDAV-Support hat. Auf Murena-Handys (/e/ OS) wird DAVx5 nicht benötigt.

Es gibt tatsächlich zwei Cookbook-Apps. Beide funktionieren für mich gut. Ich bin nicht wählerisch, ich muss nur die Zutaten und Zubereitungsschritte sehen. Die Version von „Teifun2" scheint beliebter zu sein.

Maps Geofavorites ermöglicht es dir, beliebige GPS-Koordinaten in der Nextcloud-Maps-App einfach zu speichern. Praktisch, um sich zum Beispiel zu merken, wo du dein Fahrrad geparkt hast.

Notes funktioniert am besten, wenn es im Rasteransichtsmodus (Grid View) konfiguriert ist.

Talk... trotz meines eigenen Ratschlags benutze ich Talk trotzdem. Ich mag es, meinen eigenen Chat-Server zu haben, schätze ich. Ich erwähne es hier, weil ich es tatsächlich nutze, und um mich zu beschweren, dass ich Nachrichten offline nicht lesen kann [https://github.com/nextcloud/talk-android/issues/217]. Es befindet sich außerdem in aktiver Weiterentwicklung und verbessert sich mit jeder Version deutlich.

Dies sind nur einige Beispiele. Da du alle deine Daten hast und Nextcloud stets offene Formate nutzt, kannst du von Verbesserungen profitieren und das genießen, was am besten funktioniert. Zum Beispiel habe ich gerade angefangen, RunnerUp [https://github.com/jonasoreland/runnerup] zu verwenden. Wenn ich meine Tracks in Nextcloud speichere, erscheinen sie automatisch in Maps. Super!

10.8.10. Nextcloud vs. ownCloud

Auf den ersten Blick ist es etwas schwierig, den Unterschied zwischen Nextcloud und ownCloud zu erkennen. Das liegt daran, dass Nextcloud als Gabelung von ownCloud entstanden ist.

Warum sollte man also das eine dem anderen vorziehen? Ein gesundes FOSS-Projekt ist in der Regel auch ein aktives Projekt. Eine Möglichkeit, deine Entscheidung zu treffen, besteht darin, die Aktivitätsmetriken auf GitHub zu vergleichen. Siehe owncloud/core

Aktivität [https://github.com/owncloud/core/pulse] und nextcloud/server Aktivität [https://github.com/nextcloud/server/pulse]. Anhand dieser beiden Metrik-Sets scheint Nextcloud zu florieren, während ownCloud an Bedeutung verliert.

Eine andere Interpretation ist, dass ownCloud eine kleinere und langsamer voranschreitende Kerncodebasis hat. Für einen wirklich fundierten Vergleich wäre jedoch noch mehr Arbeit nötig.

Siehe auch: Merkmale eines guten selbstgehosteten Dienst und Merkmale eines schlechten selbstgehosteten Dienst unter Abschnitt 7.1.1, "Dienstwahl".

10.8.11. Nextcloud Office

nextcloud.com/office/ gibt deutliche Hinweise darauf, wie das Unternehmen hinter Nextcloud möchte, dass wir „Office" und seine Pläne als Suite verwandter Werkzeuge verstehen. Sie beabsichtigen eindeutig ein ganzheitliches, integriertes Office-Erlebnis, und Nextcloud kann so konfiguriert werden, dass es auf diese Weise genutzt wird. nextcloud.com/office/ behandelt die kollaborative Bearbeitung von Office-Dokumenten (Textdokumente und Tabellen) sowie die Nutzung der Apps Notes, Collectives und Tables. Es liefert einige clevere und nützliche Ideen für Arbeitsabläufe.

Angesichts dieses weiten Umfangs sollte Groupware ebenfalls Teil von „Office" sein. Konzentrieren wir uns daher vorerst speziell auf die kollaborative Bearbeitung von Office-Dokumenten. Dies innerhalb von Nextcloud zu realisieren, erfordert eine App namens Nextcloud Office [https://apps.nextcloud.com/apps/richdocuments] sowie einen separaten Backend-Dienst, entweder Collabora oder ONLYOFFICE. Meine klare Präferenz liegt bei Collabora, im Einklang mit Abschnitt 7.1.1.1, "Geeignet fürs Self-Hosting"; trotz weniger GitHub-Sterne scheint die Entwicklung von Collabora zu florieren, während ONLYOFFICE stagniert (obwohl schwer zu sagen ist, welche der vielen ONLYOFFICE-Repositories auf GitHub hier relevant sind).

10.8.12. Verschiedene Probleme

Hier ist eine Auswahl meiner liebsten Fehlerberichte und Funktionsanfragen für Nextcloud.

Ladesymbol auf Mobilgeräten

Wenn du die Nextcloud-Mobile-App zum ersten Mal öffnest, erscheint ein Ladesymbol vor einer zwischengespeicherten Ansicht der Dateien und Ordner, die beim letzten Gebrauch der App vorhanden waren. Wenn du es ignorierst und tippst, um in einen Ordner zu navigieren oder eine Datei zu öffnen, könntest du versehentlich einen anderen Ordner oder eine andere Datei auswählen, als du beabsichtigt hattest, da sich die Reihenfolge der Ordner während du auf den Bildschirm tippst ändern kann.

Problemumgehung:

- Warte, bis das Ladesymbol verschwunden ist (bei mir dauert das normalerweise etwa eine Sekunde).
- Verringere die Wahrscheinlichkeit von Umordnungen, indem du „A – Z" oder „Z – A" sortierst, anstatt „Neueste zuerst" oder „Älteste zuerst".

Mobile Textbearbeitung ist schwierig

Nextcloud macht es einfach, auf deine Daten über mobile Geräte zuzugreifen, aber das Bearbeiten ist mühsam.

Das ist kein ausschließliches Nextcloud-Problem; ich finde die gesamte Texteingabe und -bearbeitung auf Mobilgeräten umständlich. Das betrifft E-Mails, einfachen Text, Markdown und Office-Dokumente.

In der Nextcloud-Welt gibt es eine Problemumgehung, um die Eingabe von einfachem Text und Markdown zu verbessern: die Notes-App für Android [https://github.com/nextcloud/notes-android] oder für iOS [https://github.com/nextcloud/notes-ios]. Sie haben getrennte Bearbeitungs- und Anzeigemodi und eine aggressivere Synchronisierung. Mit Notes hast du bessere Chancen auf aktuelle Daten und weniger Konflikte.

Du kannst auch Markor [https://github.com/gsantner/markor] nutzen, um dieses Problem zu umgehen. Installiere die App, und mache dann Folgendes:

1. In der Nextcloud-Mobile-App kannst du die Datei, die du lokal anzeigen oder bearbeiten möchtest, herunterladen („Download") oder synchronisieren („Sync"). Dadurch wird eine Kopie auf deinem Smartphone zwischengespeichert.
2. In der Nextcloud-App wählst du dann „open with" für die Datei. Sie sollte sich sofort öffnen.
3. Wenn du Änderungen an der Datei vornimmst, speichere sie und „Sync" die Datei anschließend manuell in der Nextcloud-App. Anscheinend werden lokale Änderungen sonst nicht automatisch auf den Server übertragen.

Bei jenson.org/text/ findest du mehr Informationen dazu, warum die mobile Textbearbeitung so ein komplexes und facettenreiches Problem ist.

Umständliches Mobile-Setup

Um Kalender, Aufgaben und Kontakte mit dem Speicher deines Smartphones unter Android zu synchronisieren, musst du die Drittanbieter-App DAVx5 installieren und konfigurieren. Ich weiß nicht, warum DAVx5 erforderlich ist [https://help.nextcloud.com/t/what-does-android-file-sync-do-for-a-nextcloud-account/154330], aber Murena [https://murena.com] hat dieses Problem für mich gelöst:

Ihr Android-basiertes '/e/ OS' bietet native Unterstützung für Nextcloud-Konten und macht DAVx5 überflüssig. Nutzer*innen mit iOS oder anderen Betriebssystemen (außer Android) können Groupware-bezogene Daten ohne DAVx5 [https://docs.nextcloud.com/server/stable/user_manual/en/groupware/] synchronisieren.

Fehlerhafte Konflikte im Web-Texteditor

Die Zusammenarbeit an einfachen Text- und Markdown-Dateien führt manchmal zu scheinbar grundlosen Konflikten. Das Bearbeiten wird schon vor dem eigentlichen Start unterbrochen, und der webbasierte Texteditor zeigt zwei Versionen der Datei nebeneinander an. Links steht „Aktuelle Version verwenden", rechts „Gespeicherte Version verwenden" (oder die entsprechenden Begriffe für deine Sprache bzw. deinen Client).

Offenbar lädt der Browser zunächst eine in seinem lokalen Speicher abgelegte Kopie und betrachtet diese als „aktuelle" Version. Anschließend lädt er die Version vom Server, nennt sie „gespeicherte" Version, und wenn sich die beiden unterscheiden, musst du dich für eine entscheiden.

Workaround: Wähle die rechte Version. Das ist die aktuellste Kopie, wie sie auf dem Server gespeichert ist.

Warum das passiert … egal, nimm einfach die rechte Version. Falls du tiefer in die Thematik einsteigen willst, findest du hier ein paar Links:

- Geteiltes Textdokument ist nicht auf dem gleichen Stand wie die gespeicherte Datei [https://github.com/nextcloud/text/issues/2388]

- Das Ändern einer Datei vom Desktop aus führt zu einem Konflikt im Browser, selbst wenn im Browser keine Änderungen vorgenommen wurden [https://github.com/nextcloud/text/issues/4078]

- Text: aktuelle vs. gespeicherte Version eines Dokumentes [https://help.nextcloud.com/t/text-document-current-vs-saved-version/151600] (von mir selbst)

Verwandter Desktop-Client-Bug: Nextcloud-Client erstellt Konflikte, wenn er es nicht sollte [https://github.com/nextcloud/desktop/issues/2467]. Konflikte scheinen in Situationen aufzutreten, in denen es eigentlich keine geben sollte.

Problemumgehung: Warte etwa 10 Sekunden zwischen den Speicherungen, bis der Desktop-Client synchronisiert und wieder im Leerlauf ist (Augenrollen inklusive). Sieh dir die Temporäre Dateisperre [https://apps.nextcloud.com/apps/files_lock]-App an für eine halbautomatische, beratende Sperrung (z.B. um schnell mitzuteilen: „Gib mir eine Minute, ich bearbeite gerade diese Markdown-Datei").

Gezeichnete Unterschriften in Formularen

Forms sind praktisch, um einfache, minimal strukturierte Daten zu sammeln ... Umfragen, Zusagen (RSVPs), solche Dinge. Die Daten landen einfach in einer Tabellenkalkulation. Mit einem Signaturfeld könnten Forms verwendet werden, um eine gezeichnete Unterschrift zu einem Formular hinzuzufügen, wie bei einem Vertrag oder einer Verzichtserklärung.

Es gibt bereits Nextcloud-Apps für Online-Signaturen, die digitale Signaturen [https://en.wikipedia.org/wiki/Digital_signature] einbinden.

Ich möchte jedoch keine digitalen Signaturen, vor allem nicht, wenn sie auf Drittanbieter-Dienste angewiesen sind. Ich möchte einfach nur ein Low-Tech-Bild, das wie eine gezeichnete Unterschrift am unteren Rand einer Seite aussieht. Es muss nicht einmal echte Tinte sein. Falls du das auch möchtest, stimme hier ab oder hilf mit github.com/nextcloud/forms/issues/947

OpenSign [https://github.com/OpenSignLabs/OpenSign] und DocuSeal [https://github.com/docusealco/docuseal] sind zwei alternative FOSS self-hostbare Apps, die gezeichnete Unterschriften unterstützen.

Das Release-Skript fehlt im Quellcode

Nextcloud ist FOSS, obwohl einige Release-Skripte zurückgehalten werden [https://help.nextcloud.com/t/build-bzip-and-package-from-git/58341]. Ob sie diese Skripte tatsächlich veröffentlichen müssen oder nicht, weiß ich nicht. Ich hoffe, dass sie sich dazu entscheiden, sie freizugeben – aus denselben Gründen, aus denen auch der Rest von Nextcloud FOSS ist.

Fehlerhafte Aktualisierungsbenachrichtigungen für Termine

Die Kalender-App ist ziemlich nützlich und vermutlich die am meisten genutzte von mir und meinen Nutzern. Allerdings habe ich mich mittlerweile an eine bestimmte fehlerhafte „Termin aktualisiert"-Benachrichtigung gewöhnt, die möglicherweise durch Probleme mit dem Kalender-Client oder der Synchronisation verursacht wird.

In einem freigegebenen Kalender (mit vielen Clients) bekomme ich oft Benachrichtigungen wie „Person X hat Termin Y in Kalender Z aktualisiert", obwohl in Wirklichkeit nur einer der Clients synchronisiert wurde (oder vielleicht eine unbedeutende Änderung vorgenommen hat) und Nextcloud fälschlicherweise denkt, es handele sich um ein wichtiges Update [https://github.com/nextcloud/calendar/issues/5879]. Zumindest glaube ich, dass das passiert … manche Änderungen (z.B. wenn sich das Datum ändert) zeigen explizit die alten und neuen Werte. Nebenbei bemerkt gefällt mir dieses „explizite Diff"-Verhalten sehr, bei dem die genauen Änderungen an Titel, Zeit, Ort oder Beschreibung angezeigt werden.

10.8.13. Ende-zu-Ende-Verschlüsselung

Ende-zu-Ende-verschlüsselte Ordner klingen nach einer großartigen Idee. Es gibt eine Nextcloud-App dafür, aber ich empfehle, sie nicht zu verwenden.

Die Funktion wirkt zwar beinahe fertig, fühlt sich aber immer noch wie frühe Beta-Software an. Die Benutzeroberfläche ist verwirrend, und ich bin auf einen kritischen Fehler gestoßen, der Dateien serverseitig unverschlüsselt hinterlassen hat.

Außerdem funktioniert [https://github.com/nextcloud/end_to_end_encryption/issues/520] Sharing [https://help.nextcloud.com/t/how-to-setup-e2e-encryption-for-shared-folders/165610] nicht [https://help.nextcloud.com/t/e2ee-and-file-sharing/145547], es gibt keinen Web-Client [https://github.com/nextcloud/end_to_end_encryption/issues/82], die Roadmap ist unklar [https://github.com/nextcloud/end_to_end_encryption/issues/285], und Schlüssel werden immer auf dem Server gespeichert [https://github.com/nextcloud/end_to_end_encryption/issues/8] (zumindest sind diese verschlüsselt).

Sorry für all die sehr langen Links. Puh! Tief durchatmen. Bis 10 zählen.

Gehe vorsichtig mit der Nextcloud-App für Ende-zu-Ende-Verschlüsselung um. Überprüfe die bekannten Probleme [https://github.com/nextcloud/end_to_end_encryption/issues], stelle sicher, dass du mit all diesen leben könntest, und testen sie dann gründlich mit einer Wegwerf-Nextcloud-Instanz. Stelle sicher, dass die App mit allen Clients funktioniert, die du verwenden möchten (z.B. Desktop, Mobil).

10.8.14. AIO Installer

Unter den unzähligen Nextcloud-Installationsmethoden gibt es einen relativ neuen und interessanten AIO („All-in-One") Installer (nextcloud.com/all-in-one). Er ist kostenlos für eine Instanz mit weniger als 100 Benutzern. Der AIO verfolgt einen anderen Ansatz als mario: Er konfiguriert und verwaltet mehrere Nextcloud-bezogene Service-Container. Ich empfehle stattdessen die mario-Methode, da sie eine flexible und lehrreiche Erfahrung bietet und du lernen kannst, wie du einzelne Container selbst hinzufügst und verwaltest.

Bei AIO readme [https://github.com/nextcloud/all-in-one] findest du weitere Infos.

Kapitel 11. Weitere Ressourcen

Bei selfhostbook.com findest du alle unterstützenden Materialien, inklusive Quellcode, für dieses Buch und mario.

- Quellcode [https://selfhostbook.com/code/]
- Kontaktinformation [https://selfhostbook.com/contact/]

Patches und Feedback sind sehr willkommen. Dieses Buch ist nur ein Teil von etwas Großem, und ich freue mich, dass du auch ein Teil davon bist!

11.1. Support

Hier ein paar Ideen was du tuen kannst, wenn du nicht mehr weiter weisst.

- Frage in Foren und Chats, die mit dem Projekt/Produkt zusammenhängen, um Hilfe.
- Wenn du dir sicher bist, dass du einen Bug gefunden hast, melde es beim Projekt/Produkt.
- Frage andere Leser [https://selfhostbook.com/chat/] um Hilfe.
- Versuche dein Glück in semi-moderierten öffentlichen Orten. Halte

deine Erwartungen an diese gering, du könntest aber trotzdem gelegentlich Glück haben.

- self-host Subreddit [https://reddit.com/r/selfhosted/]
- homelab Subreddit [https://reddit.com/r/homelab/]
- Nextcloud chat [https://matrix.to/#/#nextcloud:matrix.org]
- selbst-gehosteter Chat [https://matrix.to/#/#selfhosted:matrix.org]

- Stelle mich ein; ich kann dir helfen.

11.2. Alternativen zu mario

Wenn du es eilig hast, kannst du eine One-Click-Installationen mit vielen sofort einsatzbereiten Apps finden. FreedomBox [https://freedombox.org] ist ein vielversprechender Kandidat.

Es gibt auch viele Abkürzungen und Frontends für Self-Hosting. Zum Beispiel sieht openmediavault [https://openmediavault.org] nach einer coolen Möglichkeit aus, ein DIY (Do-it-yourself) NAS (Network Attached Storage) aufzubauen.

Ausserdem gibt es unzählige weitere dieser teils oder vollständig gewarteten self-hosting Lösungen; wie zum Beispiel:

YunoHost [https://yunohost.org]

Nicht berücksichtigt, ich verwende lieber immer Container.

CasaOS [https://casaos.io]

Neu, interessant, sehr wenig Dokumentation.

Runtipi [https://runtipi.io]

Neu, interessant, verwendet Docker Compose und Traefik.

Diese sehen interessant aus, und es ist ermutigend (und auch etwas überwältigend), so viele Optionen in diesem Bereich zu sehen. Ich habe diese nur gerade so weit evaluiert, dass ich das Gefühl hatte, sie passten nicht zu meinen Wünschen und Bedürfnissen. Ich bin ein mürrischer alter Mann und zögere, Veränderungen vorzunehmen – aber manchmal tue ich es trotzdem. Wenn ich etwas Neues übernehme, muss es eine hohe Messlatte bestehen, idealerweise die meisten oder alle dieser Tests:

Checkliste: Lösungs-Tauglichkeits

- ☐ Wird es über Jahre hinweg mit minimalem Aufwand funktionieren?
- ☐ Ist es leicht erweiterbar?
- ☐ Vertraue ich denen, die es warten und erhalten?
- ☐ Verwendet es Technologien, mit denen ich vertraut bin?
- ☐ Verkleinert oder vergrößert es meine Angriffsfläche und beeinflusst damit die Sicherheit?
- ☐ Fügt es Funktionen oder Mehrwert hinzu, den ich brauche oder will, über das hinaus, was ich bereits kann?
- ☐ Wird es meinen Nutzern helfen?
- ☐ Wird es mir helfen, das zu lernen, was ich lernen möchte/muss, und kümmert es sich sicher um den Rest, ohne dass ich mehr lernen muss?
- ☐ Hilft es mir dabei, herauszufinden, warum ich vor zwei Jahren eine Änderung an einem meiner Dienste vorgenommen habe?
- ☐ Sendet es durch Telemetrie oder auf eine Weise meine Daten nach Hause, die ich nicht gutheiße?
- ☐ DBehält es „Enterprise"-Funktionen vor, die ich auch in meinem kleineren Anwendungsfall brauche? Ist es dabei aufdringlich und erinnert mich ständig daran?
- ☐ Falls ich bezahlten Support möchte, ist er verfügbar?
- ☐ Ist es populär? Gibt es das schon länger, und erwarte ich, dass es bestehen bleibt?

Siehe auch: Merkmale eines guten selbstgehosteten Dienst und Merkmale eines schlechten selbstgehosteten Dienst unter Abschnitt 7.1.1, "Dienstwahl".

Nach kurzen Überprüfungen stelle ich fest, dass bestehende Self-Hosting-Lösungen im Allgemeinen:

- neu und unreif sind
- keine ausreichende Dokumentation haben
- zu viel tun: versuchen, viele Probleme zu lösen, ohne genügend Ressourcen oder Stabilität, um alles zu pflegen
- zu wenig tun: im Grunde nur eine weitere Linux-Distribution mit einer zusätzlichen Schicht, um Apps zu entdecken und zu installieren
- technologische Entscheidungen treffen, mit denen ich nicht einverstanden bin
- eine begrenzte Liste von Apps in ihren App-Stores haben und die ausschließen, die ich möchte
- zu viele Apps in ihrem App-Store haben, ohne gute Möglichkeiten, Qualität, Datenschutz und Funktionen zu vergleichen
- sich auf GUIs (graphische Benutzeroberflächen) konzentrieren, während ich lieber mit der Kommandozeile arbeite

Trotzdem: Schau sie dir an. Vielleicht funktionieren sie für dich besser, wenn du nicht das Maß an Macht und Kontrolle brauchst, das dieses Buch bietet. Bis ich veröffentliche, könnten sie (oder neue Herausforderer) so weit gereift sein, dass sie meinen Ansatz übertreffen. Bitte lass mich wissen, was du herausfindest. Falls ich etwas übersehen habe, würde ich gerne davon erfahren!

Hier sind einige weitere verwandte und interessante Self-Hosting-Lösungen, die eine weitere Recherche wert sind:

- Ansible NAS [https://github.com/davestephens/ansible-nas]
- Clace [https://clace.io]
- Cosmos Cloud [https://cosmos-cloud.io]

- DockSTARTer [https://dockstarter.com]
- HomelabOS [https://homelabos.com]
- Start9 [https://start9.com]
- MicroCloud [https://canonical.com/microcloud]
- LibreServer [https://libreserver.org]
- LinuxServer.io [https://www.linuxserver.io]
- NextcloudPi [https://nextcloudpi.com]
- UBOS [https://ubos.net]

Kapitel 12. Diskussionsthemen

Hier ein paar Gesprächseinstiege für einen Kurs oder eine Kleingruppendiskussion.

1. Welche Dienste betreibst *du*? Warum? Für wen?
2. Was muss man bedenken, wenn man zwischen Self-Hosting in einer öffentlichen Cloud und lokalem Self-Hosting entscheidet?
3. Vergleiche verschiedene Optionen für Bare Metal Self-Hosting-Hardware im Bezug auf Einrichtungskosten, Stromverbrauch und Erweiterbarkeit.
4. Warum verschlüsselt der Autor den gesamten Netzwerkverkehr, sogar in einem geschlossenen LAN?
5. Prüfe dieses Buch auf schlechte Sicherheitspraktiken. Wie könnte es verbessert werden?
6. Warum ist Privatsphäre wichtig, besonders bei digitalen Informationen?
7. Was ist das Beste am Self-Hosting?
8. Was sind einige Fallstricke des Self-Hosting?
9. Wie sieht die Zukunft des Self-Hosting aus?

10. Was ist die ideale Anzahl von Benutzern, die mit einem einzelnen Self-Hosted-Server unterstützt werden sollen?

11. Ist die im Buch gennante Self-Hosting Methode nützlich für größere Gruppen, Großfamilien, Kirchengemeinden, Schulen, Unternehmen und Regierungen? Warum oder warum nicht?

12. Wie könnte man dieses Buch anpassen für:

    a. unterbrochene Stromversorgung

    b. unterbrochene Netzwerkverbindung

    c. rein lokale Netzwerke

    d. Cluster-Hardware

13. Betrachte FOSS (Free and Open Source Software) im Bezug auf menschliche Aufmerksamkeit und Fokus. Vergleiche es mit nicht-freier Software.

14. Welche Ansätze in diesem Buch könnten konzeptionell gefährlich oder irreführend sein? Warum? Wie könnte man sie verbessern?

15. Fasse dieses Buch in einem Satz zusammen.

16. Wie kann man erkennen, ob ein Server kompromittiert wurde?

Kapitel 13. Übungen

Übungen für individuelles Üben und Lerngruppen.

1. Richte einen Dienst ein, zusätzlich zu den in mario enthaltenen, unter Verwendung eines bestehenden Images. Beispiel: ein Dashboard [https://awesome-selfhosted.net/tags/personal-dashboards.html].
2. Baue ein benutzerdefiniertes Image. Hint: Nutze `docker build` der Buildah [https://buildah.io].
3. Starte einen Container mit deinem benutzerdefinierten Image.
4. Erstelle einen Dienst (unter Verwendung deines Containers), um zu erkennen, ob es Zeit ist, deinen Server neu zu starten. Hint: Überprüfe, ob `/host/var/run/reboot-required` existiert.
5. Richte einen zweiten Nextcloud-Dienst für Experimente ein. Verwende ihn, um neue Versionen oder eine benutzerdefinierte App zu testen.
6. Probiere Nextcloud mit Objektspeicher als primärem Speicher aus.
7. Passe diese Anleitung an eine andere Linux-Distribution als Ubuntu an.
8. Hilf mit, einen in diesem Buch erwähnten Fehler zu beheben.
9. Richte regelmäßige automatische Offsite-Backups ein.

10. Füge deinem Server einen Grafikprozessor hinzu.
11. Aktiviere Grafikprozessor-Transkodierung in Jellyfin.
12. Unterzeichne den offenen Brief auf Public Money, Public Code [https://publiccode.eu], weil Software, die mit Steuergeldern bezahlt wird, FOSS sein sollte.
13. ammle und fasse Protokolldaten zusammen."
14. Wähle einen Docker-Container, der keine ausgehenden Netzwerkverbindungen initiieren muss. Verhindere, dass er dies kann, und überprüfe, ob es funktioniert.
15. Was, wenn der Server nicht bootet?

    a. Beschreibe die Schritte zur Fehlerbehebung im Detail.

    b. Erstelle einen Plan für die Systemwiederherstellung, falls der Server nicht startet.

16. Richte Single Sign-on [https://en.wikipedia.org/wiki/Single_sign-on] ein.
17. Richte Fail2Ban [https://fail2ban.org] ein. Füttere es mit Protokolldaten von verschiedenen Diensten.
18. Richte Suricata [https://suricata.io] für Netzwerkanalyse und Bedrohungserkennung ein.
19. Probiere das Ausführen von Containern mit podman [https://podman.io] aus.
20. Informiere dich über andere Möglichkeiten, Prozesse zu isolieren, z.B. FreeBSD Jails und chroot.
21. Trage zu mario bei.
22. Verschiebe geheime Daten, die mario nutzt, in einen sicheren Speicher, z.B. Ansible Vault oder einen selbst gehosteten Dienst für Passwörter.
23. Passe mario an, sodass es mit Podman funktioniert.
24. Passe mario an, sodass es mit Kubernetes [https://kubernetes.io] funktioniert.

25. Wenn du eine dynamische WAN-IP hast, richte einen Client für dynamisches DNS ein oder nutze einen bestehenden.

26. Richte einen eigenen Mail-Relay-Dienst ein, z.B. mit github.com/crazy-max/docker-msmtpd oder github.com/namshi/docker-smtp, damit alle mario-Dienste E-Mails darüber versenden können.

27. Richte einen eigenen DNS-Server ein.

28. Ordne die mario-Dienste in unterschiedliche Ansible-Rollen ein. Lade diese als Playbook-Bundle bei [Ansible Galaxy](https://galaxy.ansible.com) hoch.

29. Die Docker-Integration von Traefik hat [Sicherheitsimplikationen](https://doc.traefik.io/traefik/providers/docker/#docker-api-access). Teste diese Risiken anhand deines Abschnitt 6.2.3, "Bedrohungsmodell". Härte mario so ab, dass selbst bei einem kompromittierten Traefik der ganze Server nicht gefährdet ist. Lies dazu die Traefik-Dokumentation und schaue dir [traefik-hardened](https://github.com/wollomatic/traefik-hardened) an.

30. Passe mario so an, dass [alle Container immer mit eingeschränkten Benutzerrechten laufen (nicht als Root)](https://docs.docker.com/engine/security/userns-remap/).

31. Stelle sicher, dass die Daten der Container korrekt zugeordnet und geschützt sind (Besitzrechte und Zugriffsrechte).

32. Richte die [hochleistungsfähige Nextcloud-Talk-Backend-Komponente](https://github.com/strukturag/nextcloud-spreed-signaling#running-with-docker) ein.

33. [Docker und Unkomplizierte Firewall vertragen sich nicht gut](https://docs.docker.com/network/packet-filtering-firewalls/#docker-and-ufw). Finde eine Lösung und teile sie mit anderen.

34. Probiere [Nix and NixOS](https://nixos.org) aus.

35. Erstelle deine eigene Linux-Distribution.

36. Baue, konfiguriere und betreibe eine [OPNsense Firewall](https://opnsense.org).

37. Richte ein eigenes VPN/Tailnet mit headscale [https://headscale.net] ein, um aus der Ferne auf dein LAN zuzugreifen.

38. Verbessere die Vorschau- und Miniaturbildgenerierung in Nextcloud.

    a. Prüfe zuerst: Wird die Änderung dir und deinen Nutzern einen Nutzen bringen? Gibt es Sicherheitsimplikationen? Wie funktioniert die Standard-Vorschau-Generierung? Welche Dateitypen werden vom Standard-Vorschauer und anderen Vorschauern unterstützt? Wie viel Speicherplatz wird verwendet? Wie schnell ist es, subjektiv und objektiv? Welche Wartung wird erforderlich sein, sobald es aktiviert ist?

    b. rstelle eine Testumgebung mit einer sauberen Installation und vielen Dateien, die Vorschauen erlauben, in verschiedenen Dateiformaten. Finde oder schreibe Code, um objektive Leistungsmetriken zu erfassen (z.B. Zeit, die benötigt wird, um Vorschauen für einen Ordner mit vielen Dateien verschiedener Typen zu erzeugen). Berücksichtige sowohl Client- als auch Server-Leistung. Führe manuelle Testnotizen (subjektive Messungen).

    c. Vergleiche Preview Generator [https://apps.nextcloud.com/apps/previewgenerator], Imaginary [https://github.com/h2non/imaginary], und alle anderen existierenden Vorschauer.

    d. Erstelle Basis-Leistungsmetriken, bevor Änderungen vorgenommen werden.

    e. Aktiviere einen Vorschauer, erfasse die Zeiten, wiederhole dies für jeden Vorschauer.

    f. Beurteile die Änderungen. Ist es bemerkbar? Zeigt dein Timing-Skript einen Unterschied? Wie viel Speicherplatz wird für Vorschauen verwendet? Wie schwierig war die Aktivierung?

Die detaillierten Schritte in der letzten Übung zeigen, was im Allgemeinen erforderlich sein könnte, um bessere Ergebnisse zu erzielen. Ich habe sie in den anderen Übungen der Kürze halber weggelassen. Bitte wende ähnliche detaillierte Schritte an anderen Stellen nach Bedarf an.

Nachwort

In den Worten von Scott McNealy, ehemaliger CEO von Sun Microsystems:

> Open Source is free like a puppy is free.

> Open Source ist genauso kostenlos wie ein Welpe kostenlos ist.

Jeder liebt Hundewelpen, oder? *Oder??* Ich hoffe es doch sehr. Denn – kleine Warnung – wenn du zu viel Zeit mit deinem „Welpen" (Self-Hosting, FOSS usw.) verbringst, taucht dein Partner irgendwann mit einem echten Welpen auf.

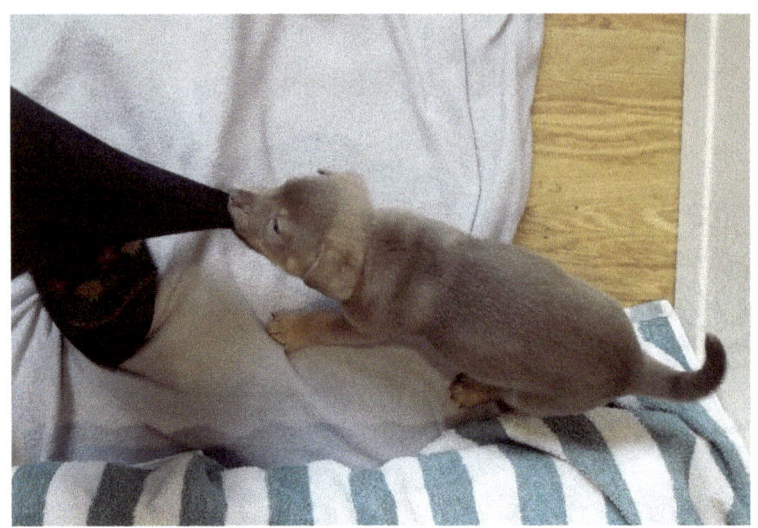

Abbildung 17. Open Source ist so kostenlos wie ein Welpe. Abgebildet: Ein echter Welpe.

Wenn dein Problem *so* niedlich ist, dann ist es wohl kein allzu schlimmes Problem. Ich hoffe, du findest, was du brauchst, um *deine* Welpen glücklich zu machen!

Abschließend möchte ich ein Zitat von Ursula K. Le Guin teilen. Ihr zufolge:

> A book is just a box of words until a reader opens it.

> Ein Buch ist bloß eine Kiste voller Worte, bis ein Leser es öffnet.

Liebe Leser*in, *dieses Buch existiert, weil du existierst*. Ich hoffe, es ist dir eine nützliche Hilfe. Ich bin demütig und dankbar für deine Unterstützung. Danke, danke, danke.

Danksagungen

Manchmal fühle ich mich eher wie ein Geburtstagskind als ein Author, weil ich so viele Geschenke von zahlreichen großzügige Menschen bekommen habe. Ohne euch hätte ich es ehrlich nicht geschafft, und ich bin unendlich dankbar für euch.

Danke an Eva für mehr, als ich hier jemals aufzählen könnte – von „Was, wenn es regnet?" bis hin zum Führen durch Lernen und furchtloses Handeln. Für die Unterstützung meiner Träume, einschließlich dieses Buches: deine zahlreichen inspirierenden Runden sorgfältiger Code-Reviews, technischen Kritiken, Entwicklungsbearbeitung, Korrekturlesen, Lektorat und Zeilenbearbeitung.

Danke an meine Tochter für deine fantastischen Illustrationen.

Danke an Deb Nicholson für das Schreiben des bedeutungsvollen Vorworts.

Danke an meine Familie und Freunde dafür, dass ihr meine ausgedehnten FOSS-Selbsthostings-Abenteuer, einschließlich dieses Buches, geduldig ertragt.

Danke an Pro Git 2, meine Inspiration, auf Asciidoctor umzusteigen.

Danke an die Mitwirkenden der unzähligen FOSS-Programme, die ich zur Erstellung dieses Buches verwendet habe, insbesondere John MacFarlane und das Pandoc-Team, Dan Allen und das Asciidoctor-

Team, sowie Bram Moolenaar und das Vim-Team (ruhe in Frieden, Bram).

Danke an Rob Smith und alle bei #underlug für Hilfe bei Hardware, Netzwerken, Ansible und Traefik.

Danke an die „Deadbeat Dads" Bryan Daisley und Rob Floberg für euer unbezahlbares Feedback.

Danke an alle meine geliebten Beta-Tester, darunter Andrew Davidson, Brendan Kidwell, Eva Monsen, Don O'Neill und Lenny Wondra.

Danke an Bob Nystrom für deine geistig bereichernde Designkritik.

Danke an Lenny Wondra für deine außerordentlich effektive technische Kritik und dein Lektorat.

Danke an Fiona Burkart für deine sorgfältige und gründliche deutsche Übersetzung.

Am allermeisten danke ich meiner Frau und meinen Kindern dafür, dass sie mich unterstützen und an mich glauben. Für all das Kochen, Reden, Zuhören, Kunst, Programmieren, Mathematik, Musik und die Liebe. Haben wir ein Glück!

Wörterverzeichnis

Hier ist eine Liste von Definitionen für einige der weniger offensichtlichen Begriffe, die ich in diesem Buch verwende, um zu verdeutlichen, wie ich sie meine. Die Begriffe orientieren sich so weit wie möglich an der gebräuchlichen Verwendung. Fachleute aus den Bereichen Informatik, Sicherheit, Systemadministration, Netzwerke usw. haben oft noch differenziertere Definitionen.

Angriffsfläche

Gesamtheit aller möglichen Angriffspunkte. Weniger ist sicherer. Beispiel: Wenn du alle Ports schließt, die du nicht benötigst, reduzierst du deine Angriffsfläche.

API

Programmierschnittstelle (Application Programming Interface). Bietet eine Möglichkeit, über Software mit einem Dienst zu interagieren. Nützlich zum Erstellen von Apps und Integrationen.

aufstellen

Einen Dienst für die Nutzung vorbereiten. Beinhaltet in der Regel das Erstellen oder Kopieren von Dateien, bevor der Dienst gestartet wird.

Backend

In diesem Buch bezeichnet dieser Begriff entweder einen Dienst (z.B. eine Datenbank) oder einen Server. Es handelt sich um etwas, mit dem du meist indirekt interagierst, etwa über ein Frontend wie eine Web- oder Mobil-App.

Bare Metal

Physische, lokal verfügbare Rechenressourcen – im Gegensatz zu gemieteter Rechenzeit auf fremder Hardware. In diesem Buch wird der Begriff vor allem verwendet, um Hardware-Autonomie auszudrücken.

Bedrohungsmodell

Analyse der Risiken und Schutzmaßnahmen digitaler Ressourcen.

bereitstellen

Siehe „einen Server bereitstellen". Prozess, bei dem eine Maschine vorbereitet und in den gewünschten Zustand gebracht wird, um ihre Aufgabe zu erfüllen.

Betriebssystem

Im Englischen: Operating System (OS). Das grundlegende System, das Hardware und Software koordiniert.

Blockspeicher

Cloud-Speicheroption mit direktem Dateisystemzugriff, einschließlich Dateien und Ordnern. Wird direkt/nativ/lokal vom Betriebssystem verwendet. Die Größe ist relativ festgelegt und wird bei der Erstellung bestimmt.

Bot

Kurzform von „Roboter". Software, die automatisierte Aufgaben ausführt, z.B. auf Chat-Anfragen antworten oder verwundbare Server angreifen.

Cattle vs. Pets ... Nutz- vs. Haustier

Verdeutlicht zwei unterschiedliche Systemadministrator-Ansätze für Systeme und Dienste. „Cattle" (Nutztiere) sind automatisiert, kurzlebig und im Idealfall unveränderlich. „Pets" (Haustiere) werden manuell verwaltet, sind zustandsbehaftet und langlebig.

Change Management

Die Mittel und Methoden, mit denen eine Gruppe von Menschen von einem Satz von Werkzeugen und Prozessen zu einem anderen überführt wird.

Cloud

Eine unbestimmte Menge an entfernten Hardware-Ressourcen. Skalierbar, programmierbar und vernetzt. „Die Cloud" oder „öffentliche Cloud" bezeichnet die Hardware anderer Leute, während „persönliche Cloud" deine eigene ist.

Cluster

Zusammengeschlossene Sammlung von Rechnern, die gemeinsam wie ein einzelner Computer behandelt werden, um eine höhere Rechenleistung zu erreichen.

Container

Laufende Instanz eines Images. Container können auch als „Guests" bezeichnet werden, wobei dieser Begriff häufiger für virtuelle Maschinen (VMs) verwendet wird.

Das ist etwas Gutes

Eine vage Art zu sagen, dass etwas offensichtlich großartig ist.

Data

(Bezieht sich nur auf den Englischen Begriff; data = Daten) Substantiv, Plural. Ja, ich verwende die grammatikalisch korrekte, aber manchmal unbequeme Pluralform! Alte Gewohnheit.

Datensouveränität

Vollständige Kontrolle über deine Daten. Zum Beispiel: Du besitzt die Originalkopien deiner Dateien.

DHCP

Dynamic Host Configuration Protocol. Ein Verfahren, mit dem Computer IP-Adressen und zugehörige Netzwerkeinstellungen automatisch beziehen.

Dienst

Ein dauerhaft laufender Prozess, der von anderen lokalen oder entfernten Prozessen genutzt wird, um nützliche Aufgaben zu erfüllen.

DIY

Do it yourself – „Mach es selbst". Bezeichnet Tätigkeiten, bei denen man selbst lernt und bastelt, anstatt jemanden zu bezahlen. Beispiel: Kochen oder – in diesem Buch – Self-Hosting.

DNS

Domain Name System. Ordnet Domainnamen IP-Adressen zu.

Dogfooding

Etwas selbst zu benutzen, das man auch entwickelt oder betreut. „Eat your own dog food" – „Iss dein eigenes Hundefutter."

Domainname

Bezeichnung eines Servers, Dienstes oder einer Dienstgruppe, mit der diese identifiziert werden kann, z.B. `example.com`.

DRM

Digital Restrictions Management. Eine veraltete und restriktive Technologie, die entwickelt wurde, um die nicht genehmigte Nutzung digitaler Inhalte zu verhindern – und welche wahrscheinlich auch zur Überwachung verwendet wird.

Egress

Jeglicher ausgehender Datentransfer oder Download – insbesondere in Bezug auf öffentliche Cloud-Dienste.

Entrypoint

Der Punkt, an dem Datenverkehr in den Traefik Reverse-Proxy eintritt; also die Netzwerkports.

Festplattenlaufwerk

Auch einfach Festplatte genannt. Speichert Daten in Form von

Einsen und Nullen auf rotierenden Metallscheiben.

Firewall

Ein Mittel zur Kontrolle des Netzwerkverkehrs zwischen Computern.

Fork

Forken (Verb): Ein Softwareprojekt in zwei Varianten aufteilen. Fork (Substantiv): Eine abgeleitete Software-Version. Die Fork unterscheidet sich vom Original (sonst wäre es nur eine Kopie). Ein oder mehrere Projekte können aus dem Original hervorgehen. Das Forken von Software ist eine übliche und nützliche Praxis.

FOSS

Free and Open Source Software. Ein Akronym, das die Ziele der Free Software Foundation (FSF) und der Open Source Initiative (OSI) vereinen soll.

Frontend

Die Benutzeroberfläche (UI) eines Systems oder Dienstes.

FSF

Free Software Foundation. Eine Organisation, die sich stark für das „F" („Free") in FOSS einsetzt.

GB

Gigabyte. Üblicherweise $1{,}000^3$ (1,000,000,000) Bytes bei Festplatten oder $1{,}024^3$ (1,073,741,824) Bytes bei Arbeitsspeicher – aus historischen Gründen. Cloud-Speicheranbieter verwenden meist die zweite (Zweierpotenz-)Variante.

Grafikprozessor

Ursprünglich für Grafikberechnungen gedacht, heute auch für spezialisierte Rechenaufgaben wie Videotranskodierung oder maschinelles Lernen verwendet.

Groupware

Software für die Zusammenarbeit in Gruppen. Im weiteren Sinne: E-Mail, Kalender und Kontakte. Manchmal auch gemeinsames

Bearbeiten von Office-Dokumenten und Tabellen.

GUI

Graphical user interface - Graphische Benutzeroberfläche.

gut, schnell, und billig

Wird in diesem Text augenzwinkernd verwendet, da man laut dem typischerweise nur zwei davon wählen kann [https://de.wikipedia.org/wiki/Magisches_Dreieck_(Projektmanagement)].

Hauptprozessor

Zentrale Verarbeitungseinheit (CPU). Das „Gehirn" des Computers – dort findet der Großteil der Berechnungen statt.

Homelab

Ein physischer oder konzeptioneller Raum fürs Lernen und Experimentieren mit selbstgesteuerten, flexiblen Systemen. Ein Homelab ist nicht ganz das, was in diesem Buch beschrieben wird; es ist eher eine Art Heim-Werkstatt für Hardware, Software und Elektronik. Ein *Steadfast* Server (oder eine „persönliche Cloud") sollte nahezu dauerhaft online und nützlich sein – zumindest der benutzerorientierte Teil. Manche Self-Hoster nennen es auch „Homeprod". Ohne allzu viel Spitzfindigkeit verwende ich „Homelab" als Kurzform für „Self-Hosting-Setup" und/oder „Homeprod".

Host

Der Computer, auf dem Docker-Container ausgeführt werden. In diesem Buch auch „Server" genannt.

Hostname

Der Name eines einzelnen Servers, Computers oder Geräts.

HVAC

Heating, Ventilation, and Air Conditioning – Heizung, Lüftung und Klimatisierung.

idempotent

Eine Operation, die nur so lange Änderungen vornimmt, bis ein gewünschter Endzustand erreicht ist. Wiederholtes Ausführen hat keinen weiteren Effekt, sobald dieser Zustand erreicht wurde. Beispiel: Betriebssystem-Updates. Wenn das System aktuell ist, führt ein weiteres Update zu keinen Änderungen – es sei denn, währenddessen erscheinen neue Pakete.

Image

Ein Dateisystem mit Code und allen Abhängigkeiten, die notwendig sind, um einen Container auszuführen.

KI

Künstliche Intelligenz.

IPMI

Intelligent Platform Management Interface. Wird für die Fernverwaltung von Servern verwendet, einschließlich Neustarts und Betriebssysteminstallationen.

Einbruchsschutzsystem

Reduziert das Risiko von Angriffen und Kompromittierungen.

Isolation

Im Softwarekontext: Dienste voneinander getrennt halten. Erleichtert Systemadministrationsaufgaben wie das Vermeiden von Versionskonflikten zwischen Abhängigkeiten.

ISP

Internet Service Provider – Internetdienstanbieter.

Kernel

Der Teil des Betriebssystems, der direkt mit der Hardware kommuniziert.

LAN

Local Area Network – lokales Netzwerk. Zum Beispiel das Heimnetzwerk, über das Computer und Geräte miteinander kommunizieren.

Laufzeit

Die Zeitspanne, in der eine Software tatsächlich ausgeführt wird, also wenn ein Satz von Maschinenbefehlen zu einem laufenden Prozess wird. Wird auch verwendet, um eine Sammlung von Tools/Bibliotheken zu bezeichnen, die dies erleichtern („Runtime Environment").

LFNW

LinuxFest Northwest. Jährliche Konferenz in Bellingham, Washington, die der Unterstützung und Vernetzung von Open-Source-Communities dient. Gegründet im Jahr 2000.

Linux

Das am weitesten verbreitete Server-Betriebssystem. Funktioniert auch gut auf Desktops oder Laptops. Früher hätte ich darauf bestanden, es „GNU/Linux" oder „Linux-Distribution" zu nennen, aber vieles hat sich seitdem geändert. Heute reicht „Linux" als Bezeichnung für das Betriebsystem, dass in diesem Buch zum Self-Hosting-Kontext verwendet wird.

Low-Code

Plattform für die Anwendungsentwicklung auf hoher Abstraktionsebene, mit reduziertem Fokus auf traditionelle Programmierung. Bietet in der Regel eine grafische Benutzeroberfläche und erfordert weniger Konfigurations- und Code-Dateien. Nützlich für Prototyping oder zum Ersetzen einfacherer Dateneingabe- und Analyseanwendungen.

LTS

Long-Term Support – Langzeitunterstützung. Eine stabile Softwareversion, die über viele Jahre gepflegt wird.

mario

Bereitstellungssystem, das mit diesem Buch geliefert wird, um beim Erlernen der Einrichtung und Wartung eines eigenen Servers zu helfen. Besteht aus Skripten, Dokumentation und Konfigurationsdateien.

NAS

Network-Attached Storage – netzgebundener Speicher. Ein Server, der speziell zum Speichern von Daten entwickelt wurde. Besitzt in der Regel mehrere Festplattenlaufwerke in einem kompakten, gehäuselosen Formfaktor. Verfügt meist über weniger Hauptprozessorleistung und RAM (und geringeren Stromverbrauch) als die in Abschnitt 7.2.1, "Server" beschriebenen Systeme.

NIC

Network Interface Card – Netzwerkkarte. Auch als Netzwerkadapter bezeichnet. Hardwarekomponente zum Senden und Empfangen von Daten über ein Netzwerk.

Objektspeicher

Relativ unbegrenzte und meist entfernte Cloud-Speicheroption. Die eigentlichen Daten sind abstrahiert: Backups und strukturierter Zugriff erfordern spezielle Dienste, Indizes und Software.

OCR

Optical Character Recognition – optische Zeichenerkennung. Der Prozess, bei dem Text aus Bildern in echten, bearbeitbaren Text umgewandelt wird.

OOB

Out-of-Band Management – außerhalb des Hauptnetzwerks stattfindende Verwaltung. Ermöglicht Fernsteuerung von Servern auf niedriger Ebene, einschließlich Ein- und Ausschalten oder Konsolenzugriff. Wird typischerweise durch einen separat betriebenen, vernetzten eingebetteten Computer bereitgestellt. Siehe auch: IPMI.

OSI

Open Source Initiative. Organisation, die sich hauptsächlich auf das „OSS" (Open Source Software) in FOSS konzentriert.

Partition

Abgegrenzter Bereich einer Festplatte oder eines Blockspeichers, der mit einem Dateisystem wie ext4 oder ZFS formatiert ist.

PHP

PHP: Hypertext Processor. Programmiersprache, die speziell für Webanwendungen entwickelt wurde.

PoE

Power over Ethernet. Ermöglicht die gleichzeitige Übertragung von Strom und Daten über dasselbe Ethernet-Kabel.

Port

In Kombination mit einer IP-Adresse; eine Zahl, über die eine Verbindung zu einem Dienst hergestellt wird. Reservierte Portnummern – z.B. 80 für HTTP – sind in /etc/services aufgeführt.

Portweiterleitung

Routerkonfiguration, bei der Datenverkehr für einen bestimmten Port an einen Computer im LAN weitergeleitet wird.

Prozess

Eine Instanz laufender Software. Beachte, dass „laufende" Prozesse intern detaillierter beschrieben werden, etwa als „running", „sleeping", „idle", „wartend auf E/A" oder – mein persönlicher Favorit – „Zombie".

Quelle der Wahrheit

Das maßgebliche (ursprüngliche) Dokument, insbesondere, wenn mehrere Kopien oder Varianten existieren.

RAID

Redundant Array of Independent Disks. Technologie, die mehrere Festplatten zu einem Verbund zusammenfasst, um Ausfallsicherheit, Geschwindigkeit oder beides zu erhöhen.

Rechenbedarf

Substantiv: Hauptprozessor- oder Grafikprozessor-Ressourcen, die beim Ausführen von Software-Diensten verbraucht werden.

Registrar

Domainnamen-Anbieter. Kann auch andere Dienste im Zusammenhang mit Namensverwaltung und Hosting anbieten.

reproduzierbare

Kann durch Befolgen bestimmter Schritte wiederholt werden. Beispiel: Einen Fehler „repro"-duzieren oder einen „reproduzierbaren [Software-]Build" erstellen. Wenn zwei Personen versuchen, denselben Fehler zu reproduzieren, sollten sie dasselbe Ergebnis erhalten. Wenn zwei Personen jeweils aus demselben Dockerfile ein Image bauen, sollten sie dasselbe Image erhalten. In der Praxis jedoch sind Fehlerreproduktionen und Build-Ergebnisse ähnlich, aber nie völlig identisch.

Reverse-Proxy

Netzwerkanwendung zur Filterung und Weiterleitung von Datenverkehr. Im Self-Hosting-Kontext nützlich für SSL-Beendigung („termination") und um mehrere selbstgehostete Webdienste mit unterschiedlichen Domainnamen unter einer einzigen IP-Adresse zu betreiben.

Router

Netzwerkgerät, das Datenverkehr an der Grenze zwischen Netzwerken wie WAN und LAN verarbeitet. Ein SOHO-Router bietet typischerweise zusätzliche Funktionen wie DNS, DHCP, Switching, Firewall und WLAN. Siehe auch: Portweiterleitung. Ein Traefik-Router ist etwas anderes: Er ist eine Software-Logik, die EntryPoints mit Diensten verbindet. Siehe Abschnitt 6.6.1, "Traefik Architektur".

SeaGL

Seattle GNU/Linux Conference. Findet seit 2013 jährlich statt.

Server

Ein Computer, der in der Regel dauerhaft eingeschaltet bleibt und über das Netzwerk interagiert – statt über Monitor, Tastatur oder Maus. Wird auch als „Host" bezeichnet.

SOHO

Small Office / Home Office – kleines Büro / Heimbüro.

SSD

Solid-State Drive – Festplatte ohne rotierende Teile.

SSH

Secure Shell – Bietet verschlüsselte, entfernte Befehlszeilenzugriffe auf einen Server.

SSL-Beendigung

Entgegennahme von verschlüsseltem Datenverkehr und Weitergabe unverschlüsselter Daten. Diese Aufgabe übernimmt in einem von mario bereitgestellten Server der Traefik-Reverse-Proxy. Genauer (und heute üblicher) bezeichnet als „TLS-Beendigung". Tatsächliches SSL ist veraltet.

Sysadmin

Kurzform von „Systems Administrator" – Person, die für den Betrieb und die Wartung eines Computersystems verantwortlich ist.

TB

Terabyte. Wie GB kann es entweder dezimal (10er-Basis) oder binär (2er-Basis) verwendet werden: $1,000^4$ (1,000,000,000,000) Bytes für Festplatten, und $1,024^4$ (1,099,511,627,776) Bytes für RAM.

TLD

Top-Level-Domain. Bei „example.com" ist „.com" die TLD.

UI

User Interface – Benutzeroberfläche. Die Schnittstelle zwischen Nutzer*in und System, z.B. eine Website oder App. Wird oft zusammen mit der Benutzererfahrung betrachtet und als „UI/UX" bezeichnet.

unveränderlich

Ändert sich nicht. Zum Beispiel ein bestimmtes Docker-Image. Ein Container, der aus diesem Image instanziiert wird, kann geändert werden, aber das Image selbst nicht; es muss ein neues Image erstellt werden. Nutztiere sind auch unveränderlich; siehe Nutz- vs. Haustier

USV

Unterbrechungsfreie Stromversorgung. Eine Batterie zwischen

Server und Steckdose, oft mit Zusatzfunktionen wie Stromausfallalarm oder Überspannungsschutz.

UX

User Experience – Benutzererlebnis. Beschreibt die Art der Interaktion zwischen Nutzer*in und System, einschließlich Bedienfreundlichkeit und der Schritte, die nötig sind, um eine Aufgabe zu erfüllen. Wird häufig zusammen mit der Benutzeroberfläche betrachtet („UI/UX").

Versionskontrolle

Ein System zur Nachverfolgung von Änderungen im Quellcode, einschließlich wer, wann und warum etwas geändert hat. Git ist ein Beispiel für ein solches System.

VM

Virtuelle Maschine. Technik zur Betriebssystem-Isolation, die nahezu alle Aspekte von Hardware simuliert, einschließlich Stromversorgung, Eingabe und Ausgabe.

vollständige Festplattenverschlüsselung

Wenn ein gesamter Speicherbereich kryptografisch geschützt ist.

Volume

Docker-Funktion, um einen Ordner auf dem Server in einen Ordner innerhalb eines Containers einzubinden. Üblicher Mechanismus, um Containerdaten zu speichern, die sonst flüchtig wären.

VPN

Virtual Private Network – virtuelles privates Netzwerk. Ermöglicht es, sich „nach Hause zu teleportieren" und sich netzwerktechnisch so zu verhalten, als wäre man im eigenen Heimnetz.

WAN

Wide Area Network – Weitverkehrsnetz. Alles außerhalb des eigenen LAN / Heimnetzwerks / Routers.

Zertifikate

Kurzform für HTTPS-Verschlüsselungszertifikate.

ZFS

Dateisystem mit vielen erweiterten Funktionen wie Verschlüsselung, Schutz vor Bit Rot, Journaling, Volume-Management und Momentaufnahme. Ursprünglich Abkürzung für „Zettabyte File System".

Index

A

Admincomputer, 71, 85, 87
Angriffsfläche, 51, 143, 159
Ansible, 83, 144
API, 97, 159
aufstellen, 159

B

Backend, 160
Backups, 31, 81
    mit Borg, 81
    mit restic, 81
Bare Metal, 16, 20, 38, 160
Bedrohungsmodell, 48, 160
bereitstellen, 84, 160
Betriebssystem, 54, 160
Blockspeicher, 72, 160
Borg, 81
Bot, 160

C

CasaOS, 142
Cattle vs. Pets, 57, 160
Change Management, 36, 43, 161
Clace, 144
Cloud, 8, 25, 161
Cloud-Diensten, 17
Cluster, 56, 161
Collabora, 134
Compute, 68
Container, 37, 53, 57, 161
Cosmos Cloud, 144

D

Das ist etwas Gutes, 161
Data, 161
Datensouveränität, 7, 16, 18, 72, 161
DHCP, 161
Dienst, 162
DIY, 142, 162
DNS, 89, 116, 162
Docker, 37, 56

Docker Compose, 56, 80, 142
DockSTARTer, 144
Dogfooding, 40, 71, 162
Domainname, 162
DRM, 162

E

Egress, 162
Einbruchsschutzsystem, 50, 165
Eintrittspunkt, 59
Entrypoint, 162
ext4, 52

F

Festplattenlaufwerk, 72, 162
Firewall, 74, 163
Fork, 66, 163
FOSS, 25, 114, 163
    Voreingenommenheit des Authors gegenüber, 25
FreedomBox, 142
Frontend, 163
FSF, 163

G

GB, 163
Grafikprozessor, 114, 163
Groupware, 132, 134, 163
GUI, 164
gut, schnell, und billig, 164

H

Hauptprozessor, 164
Homelab, 164
HomelabOS, 144
Host, 164
Hostname, 164

HTTPS, 59, 95
HVAC, 32, 164

I

idempotent, 84, 164
Image, 57, 165
IPMI, 69, 74, 165
Isolation, 38, 56, 165
ISP, 73, 165

J

Jellyfin, 39, 103
    mit Grafikprozessor, 103
Jitsi, 39

K

Kernel, 165
KI, 69, 115, 165
Kubernetes, 56

L

LAN, 50, 165
Laufzeit, 166
Let's Encrypt, 95
LFNW, 2, 166
LibreServer, 144
Linux, 54, 166
LinuxServer.io, 144
Low-Code, 130, 166
LTS, 54, 166

M

mario, 83, 166
MicroCloud, 144
Middleware, 115, 119-120

N

NAS, 142, 167

Nextcloud, 66, 101
    Apps für, 125
    Installation, 120, 140
    mobile and, 135
    mobile Geräte und, 132
    Office und, 134
    ownCloud vs., 133
    Sicherheit und, 121
    Veröffentlichungsrhythmus von, 124
    Volltextsuche und, 131
    Überraschungen mit, 39
NextcloudPi, 144
NIC, 167
Nutz- vs. Haustier, 57, 160, 170

O

Objektspeicher, 121, 167
OCR, 167
ONLYOFFICE, 134
OOB, 167
OpenSSH, 85
OSI, 167
ownCloud, 66, 133

P

Pandoc, 23
Paperless-ngx, 39
Partition, 167
Passwortmanager, 47
PHP, 168
Pi-hole, 116
Plex, 39
PoE, 168
Port, 168
Portweiterleitung, 48, 168

prosoziales Verhalten, 7
Prozess, 168

Q

Quelle der Wahrheit, 18, 168

R

RAID, 53, 72, 168
Rechenbedarf, 20, 168
Registrar, 168
reproduzierbare, 57, 169
restic, 81
Reverse-Proxy, 58, 94, 169
Router, 48, 74, 169
    Traefik, 59
Runtipi, 142

S

Scratch, 111
SeaGL, 2, 114, 169
Server, 169
Serverwartung, 78
Single sign-on, 118
SOHO, 169
SSD, 72, 169
SSH, 54, 118, 170
SSL-Beendigung, 95, 170
Start9, 144
Sysadmin, 170
    Mindset eines zuverlässigen, 43

T

TB, 170
TLD, 170
Traefik, 39, 58, 94

U

UBOS, 144
Ubuntu, 54
UI, 170
unveränderlich, 170
USV, 170
UX, 171

V

Verschlüsselung
    HTTPS, 95
Versionskontrolle, 171
Vim, 23
VM, 56, 171
vollständige
    Festplattenverschlüsselung, 51, 171
Volume, 171
VPN, 50, 171

W

Wallabag, 106
WAN, 171
WAN-Zugriff, 48-49, 119
Watchtower, 80, 109
Wireguard, 51

Y

YunoHost, 142

Z

Zertifikate, 95, 171
ZFS, 52, 172
    einrichten, 76
    Momentaufnahme und, 72, 81